Sue Chance arbeitet als Psychiaterin in der Gegend von Dallas. Sie schreibt regelmäßig für psychologische Fachzeitschriften und berät Familien, in denen ein Mitglied Selbstmord begangen hat.

W0177407

Dieses Buch wurde auf chlor- und säurefreiem Papier gedruckt.

Deutsche Erstausgabe September 1994
© 1994 für die deutschsprachige Ausgabe
Droemersche Verlagsanstalt Th. Knaur Nachf., München
Titel der Originalausgabe »Stronger Than Death«
© 1992 Sue Chance
Originalverlag W. W. Norton & Company, New York, London
Umschlaggestaltung Schlotterer & Partner, München
Umschlagabbildung The Image Bank / Yves Lefevre, München
Satz IBV, Berlin
Druck und Bindung Ebner Ulm
Printed in Germany
ISBN 3-426-75054-6

5 4 3 2 1

Sue Chance

Mein Sohn hat sich das Leben genommen

Der Bericht einer Mutter

Aus dem Amerikanischen
von Inge Holm

Inhalt

Er war stets rücksichtsvoll – selbst, als er sich das Gehirn herauspustete.

Er begann seinen Brief mit »Ich liebe Euch alle« und stellte klar, daß niemand außer ihm selbst für seinen Tod verantwortlich war.

Er verließ das Haus, nachdem alle eingeschlafen waren, fuhr zu einem Park außerhalb der Stadt, parkte seinen Pick-up an einer auffälligen Stelle, setzte sich ans Ufer und trank, so schnell er konnte, einen Sechserpack Bier. Dann legte er sich hin, hielt die .38 Derringer an die linke Schläfe und drückte ab.

Die Explosion, die sein Leben beendete, wirbelte seine Familie durcheinander.

16. November 1984

Im Schlaf fällt Schmerz, der nicht vergessen werden kann,
Tropfen für Tropfen uns ins Herz.
Und in unserer Verzweiflung gelangen wir, gegen unseren
Willen,
dank Gottes unermeßlich großer Gnade zu Weisheit.

AISCHYLOS

Kapitel 1

Gezeiten
großen Schmerzes

Manchmal faulenze ich einfach so herum – besonders freitags. Denn freitags arbeite ich normalerweise nur den halben Tag. Also sage ich mir, es ist egal, welche vier Stunden ich arbeite, solange es nur vier Stunden sind. Natürlich kann ich als Ärztin auch mehr oder weniger als vier Stunden arbeiten (gewöhnlich sind es mehr). Aber vier Stunden erscheinen mir genau richtig, wenn ich die Augen öffne und mich träge strecke. Oh, herrlicher Freitag.

An diesem Freitag entschied ich, daß ich ein Paar Schuhe für mein neues marineblaues Kostüm brauchte. Da das Einkaufszentrum erst um zehn Uhr öffnete, blieb ich noch eine Weile im Bett. Dann trank ich mehrere Tassen Kaffee. Nachdem ich die Schuhe erstanden und ein paar weitere Einkäufe getätigt hatte, beschloß ich, Lebensmittel einzukaufen und mit Tom, meinem Mann, zu essen, bevor ich in die Klinik ging.

Ich war recht gut gelaunt. Doch während des Essens wurde ich immer stiller. Es war einer jener einfühlsamen Augenblicke, wie sie bei Ehepaaren manchmal vorkommen. Tom streckte die Arme aus. Ich ging zu ihm und setzte mich auf seinen Schoß. Er fragte mich, was los sei. Plötzlich war ich den Tränen nahe, ohne zu wissen, weshalb. Minuten später antwortete ich: »Ich weiß nicht. Vielleicht brauche ich nur eine Woche auf einer Mastfarm.«

Er gluckste und sagte: »Nein. Brauchst du nicht.«

Ich umarmte ihn noch fester; außerstande, mir zu erklären, weshalb ich mich so eigenartig fühlte.

So saßen wir eine Weile. Dann klingelte das Telefon. Es war Carla, eine Sekretärin in der Klinik, wo ich arbeitete. Sie sagte mit einer Stimme, die mir seltsam vorkam, daß Ken – der Psychiater, dem die Klinik gehört – mit mir sprechen wolle, bevor ich meine Arbeit aufnahm. In dem Glauben, daß er wahrscheinlich vergessen hatte, etwas für einen seiner Patienten zu tun, sagte ich, okay; ich sei in einer halben Stunde bei ihm.

Carla wirkte verwirrt, als ich an ihr vorbeiging, auf das Büro deutete und fragte: »Ist er da?« Sie nickte, ohne aufzuschauen. Wenn ich überhaupt etwas dachte, dann, daß sie es mir sagen würde, wenn es etwas mit mir zu tun hatte, ansonsten seien ihre Gefühle ihre Angelegenheit. Das größte Mißverständnis, das in bezug auf uns Psychiater existiert, ist, daß wir die Menschen um uns herum ständig analysieren. Tatsächlich sind wir mehr als froh, anderen ihre Privatsphäre zu lassen. Andere Menschen einzuschätzen verlangt mehr Zeit und Aufmerksamkeit, um es einfach so zu tun.

Ken schloß die Tür. In weiter Ferne läutete eine Alarmglocke. Aber da ich mich in Kens beruhigender Gesellschaft befand und der unschuldigen Illusion anhing, es könne nichts Schlimmes geschehen, wenn man mit guten Menschen zusammen ist, ignorierte ich den Alarm. Dann setzte Ken sich auf den Drehstuhl, wandte sich um und schaute mir direkt ins Gesicht. Schwer zu erklären, weshalb dieser Blick einen weiteren Alarm auslöste; diesmal in mir. Ich glaube, es beruhte auf der Beobachtung, daß die Begleitumstände bei Gesprächen immer unkonventioneller werden, je besser zwei Menschen einander kennen. Bei Fremden und im Geschäftsleben ist es wichtig, gewisse Formen zu wahren: Händeschütteln, Beruhigung des Gesprächspartners, Blickkontakt herstellen. Auf diese Weise zeigt man seine guten Absichten. Bei Freunden und Familienmitgliedern werden diese guten Absichten vorausgesetzt. Also sprechen wir über die Schulter hinweg, während wir den Stapel auf dem Schreibtisch ordnen. Daß Ken mir direkt ins Gesicht schaute, war ein Bruch jener weniger förmlichen Etikette, die zwischen uns herrschte.

Ich kann mich nicht mehr genau an seine Worte erinnern. Das bloße Gewicht der Botschaft zermalmte die fragile Erinnerung. Ich weiß, daß er es mir in Etappen beibrachte: daß mein Sohn sich erschossen hatte, daß man ihn an diesem Morgen fand, daß die Nachricht von meiner Schwester stammte, die mich nicht zu Hause hatte anrufen wollen, weil sie fürchtete, ich wäre allein. Ich weiß nur noch, daß ich zwei Fragen stellte. Ob er tot sei und ob er sich in den Kopf geschossen habe. Ich kannte die Antworten. Ich nehme an, ich habe gefragt, um es offiziell zu machen und um zu sehen, ob es nicht einen magischen Weg gäbe, der schrecklichen Realität zu entfliehen.

Woher wußte ich, daß Jim sich in den Kopf geschossen hatte? Ich wußte es, weil mir klar war, daß er auf Nummer Sicher gehen würde. Mein Sohn gehörte, wie ich, zu der Sorte Menschen, die durchziehen, was sie sich einmal in den Kopf gesetzt haben. Eine einmal getroffene Entscheidung war eine vollendete Tatsache, sei sie nun gut oder schlecht. Ich will damit nicht sagen, daß das gut ist. Ich möchte damit nur feststellen, daß es zum genetischen Familiencode gehört.

Während Ken mir alles erzählte, was er wußte, tat er etwas Wunderbares, sehr Menschliches; etwas, für das ich ihn für den Rest meines Lebens segnen werde. Er gab mir genau das, was ich brauchte; nicht zuviel und nicht zuwenig. Als der Schmerz mich traf, sackte ich zusammen und schluchzte: »O

11

Gott! O *Gott*!« Und da er mich kannte, da er wußte, daß ich, obwohl ich Trost brauchte, nach meinen eigenen Bedingungen damit fertig werden mußte, kam er mit seinem Stuhl näher. Er war nahe genug, um mich zu berühren, falls ich ihm zu verstehen gegeben hätte, daß ich berührt werden wollte. Aber er ließ mir auch genügend Distanz, damit ich ich selbst sein konnte. Und wie es meine Art ist, entschied ich mich dafür, mich in mich selbst zurückzuziehen, allein in das strahlende Innere des Schmerzes hinabzutauchen.

Warum?

Weil ich bereits vor langer Zeit entdeckt habe, daß wir in den wichtigsten Momenten allein sind. In dem Augenblick, wo wir uns von unserer Mutter lösen, sind wir allein. In dem Augenblick, in dem wir uns vom Leben lösen, sind wir allein. Wenn wir dazwischen Beziehungen mit anderen eingehen, so ist das ein Akt des Willens. Und in extremen Momenten mangelt es mir an Willen. Ich kann nicht die Hand ausstrecken, ich kann mich nur zusammenkauern. Ich danke Ken dafür, daß er darum wußte; dafür, daß er meinen Schmerz nicht verwässerte, indem er mir etwas anbot, das ich nicht annehmen konnte, weil es meinem Schmerz einen peinlichen Aspekt hinzugefügt hätte.

Ich erwähnte ein paar praktische Dinge: Ich wolle meine Schwester Peggy anrufen, nach Hause gehen, ein paar freie Tage nehmen. Ich glaube, ich habe genau erklärt, was meinen Patienten gesagt werden sollte und was nicht. Natürlich war das nicht nötig. Wenigstens nicht wirklich nötig. Dann ging ich in mein Büro, schloß die Tür, setzte mich hin, stand auf, setzte mich hin, stand auf. Ich bin mir sicher, daß Ken und Carla vor Sorgen fast krank waren, aber ich verschwendete keinen Gedanken an sie.

Ich weinte. Sehr heftig, sehr kurz. Dann rief ich Peggy an. Ich kann mich nur noch daran erinnern, gesagt zu haben: »Mir geht es nicht gut.« Klingt harmlos, nicht wahr? Aber hinter diesen Worten verbarg sich eine ganze Welt. Es bedeutete, daß ich von Schuldgefühlen, Schmerz und Verzweiflung überwältigt war. Es hieß: »Ich kann nicht mehr leben. Ich kriege keine Luft mehr.« Ich glaube, sie erwiderte, daß es nicht meine Schuld sei. Sie wußte, daß ich das annehmen würde, weil ich dazu neige, die Schuld bei mir zu suchen.

Ich versuchte, Tom zu erreichen. Aber er hatte sich angewöhnt, nicht auf das Telefonklingeln zu reagieren, da die Anrufe normalerweise für mich waren. Ich probierte alle möglichen Signale aus, aber keines davon brachte ihn dazu, den Hörer abzunehmen. Ich hätte am liebsten geschrien. Statt dessen ging ich in den Flur hinunter und sagte zu Ken und Carla, die beide einen verwirrten Eindruck machten: »Ich gehe jetzt nach Hause. Ich kriege Tom nicht ans Telefon.« Beide boten mir an, mich zu fahren. Aber ich antwortete sehr vernünftig, das würde zuviel Umstände machen, da entweder mein Wagen auf dem Parkplatz stehenbleiben oder einer von ihnen zur Klinik zurück gehen müßte. Ich war aus der Tür, bevor sie mich daran hindern konnten. Ich weiß noch, daß Ken protestierte; ich weiß auch noch, daß ich es ignorierte.

Zu Hause angekommen, stellte ich fest, daß Tom die Türkette vorgelegt hatte. Was verständlich war, da die für den Wohnkomplex zuständigen Wartungsleute die schlechte Angewohnheit hatten, ohne Vorwarnung hereinzuschneien. Ich war kurz davor, durchzudrehen. Ich hämmerte immer wieder gegen die Tür und knurrte vor Wut. Ich wollte gerade anfangen, die Tür mit den Füßen zu bearbeiten und mich dagegenzuwerfen, als Tom sie öffnete. Dann machte ich langsam ein paar Schritte, stellte meine Handtasche an den gewohnten Platz, drehte mich zu Tom um und sagte: »Jim hat sich umgebracht.« Ich wollte noch etwas sagen. Aber Toms Gesichtszüge entgleisten. Er griff nach mir und sagte: »O Gott!« Und jetzt endlich konnte ich einen Schmerzensschrei ausstoßen, der zugleich eine Bitte um Hilfe war.

Mein Mann nahm mich in die Arme, trug mich die Treppe hinauf, legte mich aufs Bett und hielt mich, während ich schrie und schluchzte. Er stellte keine Fragen, sprach lange Zeit kein einziges Wort. Aber er hielt die Bruchstücke beisammen, weil er wußte, daß ich nicht in der Lage war, sie zu ordnen.

Als er schließlich sprach, dann nur, um mir die Wahrheit zu sagen: »Du weinst wegen *deines* Schmerzes. Jim hat keine Schmerzen mehr.«

Ich brauchte Jahre, um die Wahrheit dieser Worte zu erkunden und wenigstens teilweise zu verstehen. Ich werde Ihnen alles erzählen, was ich darüber entdeckte. Aber vorher möchte ich Sie wissen lassen, daß die Suche mein Leben lang andauern kann.

Kapitel 2

Heimkehr

Jim lebte in San Angelo. Uneingeweihten sei gesagt, daß sich San Angelo fast im Herzen von Texas befindet, jedoch stets als in »Westtexas« liegend beschrieben wird. Es hat ungefähr 80.000 Einwohner, ist also keine kleine Stadt. Aber auch keine Großstadt. Dort wuchs ich auf, dort wurde Jim geboren. Dort leben meine Schwester, meine Eltern und mehrere Nichten von mir heute noch.

Ich wohnte in Clear Lake, einem Vorort von Houston, als Jim starb. Und da es keinen Direktflug nach San Angelo gab, beschlossen wir, nach Midland zu fliegen, uns einen Wagen zu mieten und die restlichen 240 Kilometer zu fahren.

Diese Reise war eine Tortur. Mir war ständig kalt. Ich hatte die ganze Zeit über einen Mantel an, obwohl ich mir bewußt war, daß mich einige Menschen irritiert anstarrten. Ich denke, sie sahen, daß ich verwundet war, sie wußten nur nicht, wovon. Nicht, daß ich weinte. Das tat ich erst, als ich mit Tom im Mietwagen saß. Ich denke, daß ich einen apathischen Eindruck gemacht habe, denn ich erinnere mich daran, wie die Menschen in meiner Nähe ein wenig leiser sprachen und nicht mehr so bestimmt waren.

Im Wagen ließ Tom mich entweder reden oder weinen, ohne einen Kommentar abzugeben. Oder er streichelte mir den

Rücken oder drückte mich an sich. Gott segne ihn. In solchen Zeiten ist eine Berührung hilfreicher als jedes Wort. Immer wieder stöhnen Menschen: »Ich weiß nicht, was ich sagen soll.« Gut. Dann sagen Sie eben nichts. Wenn Sie den Hinterbliebenen gut genug kennen, um Mitleid mit ihm zu empfinden, dann berühren Sie ihn. Das ist genau das, was er braucht. Denn der Klang eines zerbrechenden Herzens übertönt jedes Wort.

Als wir in San Angelo ankamen, war mein Vater bereits zu Bett gegangen. Meine Schwester, mein Bruder und seine Frau und meine Mutter warteten. Aber schon bald nach unserer Ankunft ging auch meine Mutter ins Bett.

Was einiges aussagte...

Die ganze Geschichte, all die »Warums« und »Weshalbs«, zu entwirren, würde recht lange dauern. Um es kurz zu machen: Jim lebte seit seinem elften Lebensjahr bei meinen Eltern (außer mit dreizehn). Im ersten Jahr wohnte ich auch noch dort, da ich frisch geschieden war und gerade vor dem Collegeabschluß stand. Man könnte mich in einer Hinsicht als eine Früherblühte bezeichnen, und als Spätblüherin in anderer. Ich heiratete mit fünfzehn, bekam meinen Sohn mit siebzehn, machte den Collegeabschluß mit neunundzwanzig, den Abschluß an der medizinischen Fakultät mit sechsunddreißig und beendete meine Assistenzzeit mit einundvierzig. Wissenschaftler bezeichnen so etwas als »bimodale Verteilung«. Womit gemeint ist, daß, wenn man bedeutende Ereignisse in einer Kurve ausdrückte, meine Lebenskurve wie ein Kamelrücken aussehen würde – zwei Gipfel mit einem Tal dazwischen. Genau so stellt sie sich mir heute dar, wo ich dazu komme, darüber nachzudenken.

Ich weiß nicht, ob Jims Lebenskurve meiner ähnelte. Mir kam sie mehr wie eine flache Linie vor. Seit seinem elften oder zwölften Lebensjahr arbeitete er entweder stundenweise oder ganztägig für meinen Vater als Schweißer, auch in seiner High-School-Zeit und während der Jahre, in denen er gelegentlich das College besuchte. Als er mit fünfundzwanzig Jahren starb, war er alles in allem ungefähr drei Jahre aufs College gegangen, da er öfters wegen seiner chronischen Rückenschmerzen oder einer Sehnenscheidenentzündung ein Semester hatte aussetzen müssen.

Seine ständigen Gesundheitsprobleme waren mir einerseits ein Rätsel, andererseits ergaben sie einen Sinn. Körperlicher Schmerz ist oft eine Metapher für eine andere Art von Schmerz. Wir drücken unsere emotionalen Schwierigkeiten durch das Mittel aus, das uns ständig zur Verfügung steht, durch unseren Körper. Doch nachdem Jim seine Krämpfe, das Zahnen und die Laufnase seiner Kindheit hinter sich gelassen hatte, entwickelte er sich zu einem kräftigen, energiegeladenen kleinen Jungen, der noch weniger Schlaf brauchte als ich. Im nachhinein würde ich ihn nicht als hyperaktiv bezeichnen. Aber in ihm steckte auf jeden Fall mehr Energie als in seiner Mutter. Es wurden sogar Witze über seine Unruhe gemacht. Ein Teil von ihm war immer in Bewegung – er wippte mit den Füßen, trommelte mit den Fingern, seine Blicke schossen hierhin und dahin – er schien durch ein Zimmer zu tanzen. Deshalb machten wir immer Witze darüber, wie er verschwinden würde. Niemand wußte, wie lange man mit ihm würde reden können. Eine Pause, und er konnte fort sein. Jim machte keine Ruhepausen.

Grüne Augen mit braunen Flecken. Wenn ich die Augen schließe, sehe ich sie deutlich vor mir, als wären nur sieben Minuten und nicht sieben Jahre vergangen. Ich sah ihn das letzte Mal Weihnachten, fast ein Jahr vor seinem Tod. Weihnachten 1983. Das letzte wirkliche Weihnachtsfest für mich. Ich kratzte seinen Kopf. Das hatte ich vorher noch nie gemacht. Ich hatte es geistesabwesend getan, da er auf dem Bo-

17

den neben meinem Sessel saß und ich die Angewohnheit hatte, meinem Mann den Kopf zu kratzen. Als mir mein Tun bewußt wurde, wurde ich rot und wollte meine Hand zurückziehen. Jim jedoch griff nach ihr, hielt sie eine Weile in seinem Haar fest, während er lachte und sagte: »Nicht. Es gefällt mir. Ich fühle mich frei.«

Ich habe damals nicht darüber nachgedacht. Aber man durfte Jim nur nach seinen Regeln berühren. Umarmungen waren in Ordnung, Küsse heikel. Später, als ich mir Fotos von ihm anschaute, fand ich ihn immer wieder in der alten Haltung, ganz gleich, mit wem er zu sehen war. Auf jedem Foto hat derjenige, der Jim liebt, die Arme um ihn gelegt, während Jims Hände entweder in den Hosentaschen oder in den Achselhöhlen verborgen sind.

Es sieht nur so aus, als würden wir unsere Kinder kennen. Deshalb setzen wir das Wissen um Vorfälle und Angewohnheiten mit Einsicht gleich. Weil wir bei seiner Geburt dabeigewesen sind, meinen wir zu wissen, was für ein Mensch unser Kind ist. Wir stehen der Tatsache völlig blind gegenüber, daß wir nicht wissen können, was es fühlt, bis unser Kind es uns sagt. Den meisten von uns ist dies bewußt, wenn es um Fremde geht. Aber niemand von uns weiß es in bezug auf seine eigenen Kinder. Einigen von uns ist es klar, soweit es ihre Partner, Eltern, Geschwister, Geliebten, Freunde, Kollegen oder Patienten betrifft.

Kleben Sie einen Zettel mit folgendem Text an die Kühlschranktür: DU WEISST ERST, WAS ANDERE FÜHLEN, WENN SIE ES DIR SAGEN. Das ist immer gut zu wissen. Es ist lebenswichtig, es zu wissen, wenn Sie den Selbstmord eines geliebten Menschen überlebt haben.

Ich lag in der Nacht nach Jims Tod im Bett und stellte die Frage, die sich jeder Überlebende stellt: »Warum? Warum, warum, warum, warum, warum?« Laß mich einen Sinn darin sehen, damit ich es ertragen kann. Wenn ich nur eine Erklärung hätte, könnte ich erkennen, wo ich versagt habe, und es berichtigen. Dadurch würde es zwar nicht ungeschehen gemacht, aber es würde mich daran hindern, jemanden durch meine Vernachlässigung oder durch meine Gefühllosigkeit oder durch Was-immer-ich-auch-falsch-gemacht-habe zu töten. Besser ein Ungeheuer mit Hoffnung auf Veränderung als auf die Gnade dieser bösartigen Zufälligkeit angewiesen zu sein.

Es ist nicht leicht, eine Mücke zu sein, die durch den gedankenlosen Schwanzschlag einer globalen heiligen Kuh zerquetscht wird. Jemand soll mir sagen, was ich getan habe. Machen Sie schon – ich kann es ertragen. Eigentlich sollte Jim es mir sagen. Ja, das stimmt. Jim. Er kann zurückkommen, mit dem Finger auf mich zeigen und mir eine lange, lange Liste dessen, was ich falsch gemacht habe, vortragen, damit ich sagen kann, daß es mir leid tut und daß ich mich bessern werde, wenn er mir die Gelegenheit dazu gibt. Ich werde mich bessern, das verspreche ich.

Aber in den beiden unruhigen Stunden, die ich in jener Nacht schlief, kam Jim nur so lange zurück, um mir zu sagen, daß es ihm gutgehe, daß ich mir keine Sorgen machen solle und daß es *ihm* leid täte.

»Tut mir leid, Mom«, sagte er mit leiser, sanfter Stimme. Uns beiden zuliebe tat ich, als würde mich das trösten – oder vielleicht tröstete es mich damals auch. Heute weiß ich, daß ich ihm, wenn er es mir heute sagte, wahrscheinlich antworten würde: »Ein schöner Trost, Jim.« Denn ich habe entdeckt, daß Bedauern nicht ganz gegen das ankommt, was er in mir auslöste.

Dann erinnere ich mich noch an Bruchstücke jenes seltsamen Gesprächs, das ich am nächsten Morgen mit meinem Vater führte, in dem er mich immer wieder genau um das bat, was ich mir, seiner Meinung nach, naturgemäß wünschen müsse, nämlich, den Sarg auszusuchen. Ich gebe zu, ich war am Rande eines Nervenzusammenbruchs. Aber so haben wir unser ganzes Leben lang miteinander gesprochen. Er sagte mir ständig, was ich fühlte, und natürlich ging es in jeder Beziehung an meinen tatsächlichen Gefühlen vorbei. Wie ich meiner Schwester vor einem oder zwei Jahren sagte, ist es bei einem Gespräch mit ihm das beste – um sich die ärgerliche Mühe zu ersparen, die zusammengehörenden Gedanken zusammenzufügen –, einfach nur zu summen und ihn dann zu fragen, was er hört. Sie lachte laut und rief: »Genau! Das ist es!«

An diesem Morgen stieß ich jedoch mit zusammengebissenen Zähnen hervor: »Ich bin nicht imstande, einen *Sarg* für meinen Sohn auszusuchen.« Ich bin mir sicher, daß ich es in Mutters drohendstem Ton sagte, denn mein Vater zog sich augenblicklich zurück. Er murmelte etwas davon, daß er sich an meinen Bruder wenden und mit ihm einen Sarg aussuchen würde. Was er auch tat. Sie gerieten sich in die Haare, weil mein Vater (der dachte, er müsse die Rechnung bezahlen) einen billigen Sarg kaufen wollte. Diese 6.859ste Auseinandersetzung in *ihrem* Krieg wurde schließlich durch das Schreien und Schluchzen meiner Nichte beendet.

Ich habe Ihnen diese Geschichte erzählt, um zu zeigen, daß akuter Schmerz selten das Beste im Menschen weckt, sondern mit absoluter Sicherheit alte Probleme verschlimmert. Vergessen Sie diesen ganzen »Näher-zusammenrücken«-Mist. Die einzigen Menschen, die zusammenrücken können, sind die, die auf derselben Seite stehen.

Ich weiß nicht mehr genau, was sich wann in diesen Tagen abspielte. Ich kam Freitag abend zu Hause an, und Jim wurde Montag oder Dienstag beerdigt – ich kann mich ehrlich gesagt nicht mehr an den Tag erinnern. Ich erinnere mich jedoch noch daran, den Nachruf gelesen und dabei entdeckt zu haben, daß mein Vater (der als Informationsquelle fungierte) Jims Vater, Großmutter, Halbbruder, Stiefschwester, Tante, Onkel und Cousine als Hinterbliebene fortgelassen hatte. Er hatte einen ganzen Zweig seiner Familie aus der öffentlichen Aussage gestrichen, wie und was Jim gewesen war. Sie waren genausogut »seine« Leute wie wir.

Ich kann die tiefe Gedankenlosigkeit meines Vaters nicht erklären. Man wird es leid, sich dafür zu entschuldigen, wenn man nichts damit zu tun hat. Ich rief die übergangenen Verwandten an und log ihnen etwas vor. Ich sagte, meine Cousine, die nichts von ihnen gewußt habe, hätte die Information an die Zeitung weitergegeben. Besser ein Versehen als eine Beleidigung; besser vergeßliche Jugend als ausgewachsene Selbstsucht.

Ich mag meinen Vater nicht. Das ist nicht so schrecklich. Sie würden ihn auch nicht mögen, wenn Sie ihn so gut kennen würden wie ich. Wenn dem aber nicht so wäre, würden Sie ihn für einen netten Kerl halten. Starten Sie eine Meinungsumfrage in San Angelo, Texas, und der Tenor würde sein: Scotty ist ein netter Kerl.

Ich muß jedoch zugeben, daß darin ein Körnchen Wahrheit steckt. Einige Menschen sind in der Öffentlichkeit großartig, aber privat hundsgemein. Bei anderen ist es genau umgekehrt. Von letzteren gibt es natürlich weniger, aber sie existieren. Und Gott segne das Kind, das beides mitbekommen hat. Es ist im Besitz eines sehr schwer zu definierenden Gutes: einer integrierten Persönlichkeit.

Die Schwierigkeit, all das in sich zu vereinen, zeigte sich bei Jim. Bei ihm nahm es nur eine andere Form an. Er war sehr liebenswert. Doch die Menschen waren sich bewußt, daß sie ihn nicht wirklich kannten. Sein Hauptsargträger antwortete auf die Frage meiner Schwester, wie gut er ihn gekannt habe:

»So gut, wie er es wollte.« Uns ging es genauso. So lieb und liebenswürdig Jim auch war, er war eine Schimäre.

Blende an, Blende aus.

Wie ich mir das erkläre? Mit Bedacht. Geben Sie mir nur ein paar Hundert Seiten.

Aber eines muß ich Ihnen noch sagen, bevor ich anfange. Seine Geschichte und meine ähneln einander zwangsläufig. Aber es ist auch die Geschichte eines jeden Selbstmordes, einer jeden Tragödie, jedes dunklen und gefährlich vernachlässigten Schmerzes, den die Seele erbt. Lassen Sie sich nicht mit Platitüden oder einfachen Antworten abspeisen. Tun Sie den Selbstmordtrieb und die Tat nicht als »verrückt« ab. Sagen Sie sich, daß Sie sich sicher sind, weil a) weder Sie noch b) die Menschen, die Sie lieben, verrückt sind.

Überwinden Sie die Vorstellung, daß ein Selbstmord niemals einen Sinn ergibt. Für den Menschen, der ihn begeht, ergibt er immer einen Sinn. Er löst einfach nur ein Problem, wenn auch auf eine Art und Weise, die den Hinterbliebenen einige Probleme bereitet. Sie können die Logik des Selbstmörders kritisieren, wenn Sie möchten. Sie können darauf hinweisen, daß es eine Fülle anderer Möglichkeiten gibt, für die er sich hätte entscheiden können. Aber Sie sollten anerkennen, daß ein Selbstmörder sich für eine bestimmte Möglichkeit entschieden hat. *Er* hat sich entschieden, nicht Sie.

Kapitel 3

Das erste
Lebewohl

Einige Erinnerungen gehen mir nicht aus dem Kopf. Eine davon ist, wie ich dastehe und auf meinen Sohn hinunterschaue, der in einem Sarg liegt. Ich merke, wie sich Tom, meine Schwester Peggy und ihr Mann zurückziehen und mich mit seinem Körper allein lassen. Soweit war ich schon. Sein Körper. Nicht er, nicht mein Jimbo, Jimmy, Jim. Ich versetzte meine Schwester später mit den Worten in Alarmbereitschaft: »Das ist nicht Jim.« Sie dachte, ich sei der Meinung, es sei nicht Jims Körper; dort läge ein Doppelgänger, und mein Sohn würde sich irgendwo dort draußen aufhalten, lebendig und glücklich. Ich erklärte ihr, ich hätte damit sagen wollen, daß alles verschwunden war, was ich als Jim kannte.

Ich stand dort, sah die Schwellung an seinem rechten Auge und an der rechten Schläfe. Und mir wurde mit schrecklicher Klarheit bewußt, daß das, was ich sah, sehr wahrscheinlich eine Art Wachs war, sorgsam in Form gebracht, damit ich, seine Mutter, nicht sah, daß ein Teil seines geliebten Kopfes fehlte. Ich ärgerte mich sogar darüber, daß man sein Haar nicht so wie immer gekämmt hatte. Und ich bemerkte, daß er es so kurz trug, wie er es seit seiner Kindheit nicht mehr getragen hatte. Ich dachte an jene Streitgespräche mit meiner Mutter, bei denen es um seinen Wunsch ging, sein Haar halblang zu tragen. Sie reizte mich mit der Frage: »Was hältst du von *diesem Haar*?«

Ich blickte auf, sah, wie Jim für den zigsten Vortrag über Haarlängen bereit war, und sagte: »Für mich sieht es anständig aus«, bevor ich mich wieder meiner Zeitschrift zuwandte.

Einmal, als mir ihre Taktik zu fadenscheinig war, nahm ich meine »Bleib-stocksteif-stehen-und-schau-ihr-direkt-in-die-Augen«-Haltung an (die jedem, der mich kennt, anzeigt, daß Gefahr im Verzug ist) und sagte: »Mutter, meinetwegen kann er sie bis zum Hintern wachsen lassen, solange er es sauber hält. Es ist *sein* Haar. Ich mache mir nur wegen der Läuse Sorgen.«

Ich sollte hinzufügen, daß ich mich nur so gut daran erinnere, weil es nicht oft vorkam, daß ich bei einem Streit mit meiner Mutter siegte.

Ich stand dort und schaute auf Jims Körper, während sich meine Augen mit Tränen füllten. Aber nicht eine von ihnen wurde vergossen. Sobald man einmal einen bestimmten Schmerzlevel erreicht hat, kann man keine Tränen mehr vergießen. In diesem Stadium sind Tränen so wertvoll, daß man sich nicht von ihnen trennen kann. Sie sind alles, was man hat. Während ich ihn anschaute, brachte mein Herzschlag die Tränen dazu, rhythmisch zu pulsieren, und mein Verstand teilte sich. Eine Hälfte sah, wie mein Sohn sich bewegte, und sagte: »Es war alles nur ein Versehen.« Die andere Hälfte wußte genau, was ich tat, und sagte: »Nur weil du es gerne glauben möchtest, wird es nicht wahr.«

Ich legte die Hand auf seine Brust. Ich wollte sein Fleisch nicht berühren; ich konnte mit der Kälte und Festigkeit nicht fertig werden, die ich, wie ich wußte, dort finden würde. Seine Brust war genug. Ich berührte ihn. Aber ich konnte ihn nicht spüren. Ich konnte es nicht ertragen, ihn zu spüren.

Ein Satz aus der Bibel fiel mir ein: »Fleisch von meinem Fleisch.« Deshalb konnte ich ihn nicht spüren. Es wäre mein totes Fleisch, und es wäre Fleisch von meinem Fleisch gewesen. Fleisch, das gestreichelt zu haben sich meine Fingerspitzen deutlich erinnerten. Besser, sich an das Prickeln zarter Babyhaut zu erinnern, als sich der Realität des Leichnams zu stellen. Meines Leichnams.

Und obwohl es nicht einer gewissen Ironie entbehrt, daß mir noch ein weiterer Satz aus der Bibel einfiel, vernahm ich das Echo von Davids Schrei: »Mein Sohn Absalom, mein Sohn, mein Sohn Absalom! Ach, wäre ich doch selbst statt deiner gestorben! O Absalom, mein Sohn, mein Sohn!« (2 Samuel 19,1).

Ja. Wäre ich doch selbst statt seiner gestorben.

Dann hatte ich eine jener blitzartigen Einsichten, die so tief waren, daß der Rest meines Verstandes und Herzens Jahre brauchte, um sie ganz zu verstehen. Ich sagte ihm ganz leise, so leise, daß nur er es hören konnte, und auch das nur, wenn er sich vorbeugte: »Ich habe dir das Leben geschenkt. Aber danach gehörte es dir.« Ich sagte, daß es seine Entscheidung gewesen sei, aber nie meine hätte sein können. Ich glaube, von diesem Moment an wußte ich, daß ich jetzt nur noch daran arbeiten konnte, ihm dafür zu vergeben.

Ich tätschelte seine Brust, berührte sein Haar und ging.

Späte wurde mir klar, daß man auf der Beerdigungsfeier erwartet hatte, ich würde mich ans hintere Ende der Bank setzen, damit der Rest der Familie sich anschließen konnte. Aber das tat ich nicht. Ich ging ans andere Ende der Bank, so daß niemand außer Tom mir nahe kommen konnte, und ich setzte mich so, daß mein Mann zwischen mir und den anderen war. Genau so hatte ich es mir gewünscht. Damals wollte ich weder trösten noch getröstet werden. Ich wollte nur einen Schutzschild – und ich sorgte dafür, daß ich ihn bekam. Ist es nicht erstaunlich, wie unser Instinkt funktioniert, wenn unser Verstand versagt?

Ich trug bewußt meine Brille nicht. Ich wollte die Gesichter jener sehen, die mir nahe kamen, doch alles andere sollte die sanfte Verschwommenheit der astigmatischen Welt aufweisen.

Es war ein so kalter, grauer Tag – und das zu einer Jahreszeit, die in Texas oft mild und heiter ist. Ich sagte (im Wagen, der dem Leichenwagen folgte), daß es ein sehr häßlicher Tag sei und daß ich glücklich wäre, weil ich einen schönen Tag nicht hätte ertragen können.

Aber natürlich hätte ich auch ihn überstanden.

Am Grab saß ich zwischen Tom und Garland, Jims Vater. Ich glaube, Tom nahm meine Hand und ich nahm die von Garland. Mein damaliges Bewußtsein (und mein jetziges Gedächtnis) besitzt ein geteiltes Telefoto und einen Schnappschuß davon: wie ich zwischen meinem ersten und dritten Ehemann sitze, mit beiden Händchen halte und spüre, wie die Kraft von Tom zu mir und von mir zu Garland strömt. Es fühlte sich ganz selbstverständlich an. Und es war die perfekte Metapher für meine Beziehung zu beiden. Von Tom bekam ich immer etwas, und Garland habe ich stets etwas gegeben.

Ich erinnere mich, wie ich die Sargträger angeschaut und versucht habe, sie durch meinen Gesichtsausdruck zu beruhigen. Ich weiß nicht, weshalb ich sie beruhigen wollte. Vielleicht wollte ich nicht hysterisch werden, weil ich ihnen nicht zusätzlich zu ihrem Kummer noch den meinen aufbürden wollte. Vielleicht versuchte ich ihnen mitzuteilen, daß sie nicht für den Tod meines Sohnes verantwortlich waren. Das wußte ich genau, weil ich mich zu diesem Zeitpunkt als die allein Schuldige fühlte.

Ich sorgte mich wegen der Kälte. Als die Beerdigung vorbei war und die Sargträger zum Leichenwagen zurückgingen, stand ich auf, um zu ihnen zu gehen. Tom konnte kaum mit mir Schritt halten. Ich murmelte vor mich hin: »Je eher ich gehe, desto schneller sind alle im Warmen. Aber ich möchte ihnen noch danken.« Was ich auch tat. Ich schüttelte ihre Hände und sagte zu jedem: »Vielen Dank, daß Sie das für Jim getan haben.« Ich kannte nur zwei der Sargträger und würde die übrigen nicht wiedererkennen, wenn ich sie heute sähe. Es waren einfach nur junge Gesichter – beunruhigte, gequälte, verlegene junge Gesichter. Ich glaube, jeder mütterliche Instinkt in meinem Inneren reagierte auf sie, wollte sich um sie an Sohnes Statt kümmern; eines Sohnes, um den ich mich niemals wieder würde kümmern können.

Kurz vor Verlassen des Friedhofs kam eine Frau auf mich zu, nannte ihren Namen und sagte, daß sie in dem Restaurant arbeite, in dem Jim meistens frühstückte (das hatte er mir verraten, als er mir gestand, daß er die Kaffeemaschine, ein Geschenk von mir, noch nie benutzt hatte). Sie sagte: »Mein Sohn brachte sich mit neunzehn Jahren um. Ich weiß, wie Ihnen zumute ist.«

Ich dankte ihr, umarmte sie und versuchte, mich durch die verwandte Seele getröstet zu fühlen. Aber mein Verstand sagte: »Nein, das wissen Sie nicht. Nur ich weiß, wie mir zumute ist.« Es gibt so viel Kummer. Er ist genauso häufig wie Selbstmord. Allein in Amerika bringen sich jährlich 50.000 Menschen um. Sie glaubte zu wissen, wie ich mich fühlte. Doch sie erinnerte sich einfach nur an jene Gefühle, die sie während der Beerdigung ihres Sohnes gehabt hatte.

Aber mein Sohn war einmalig, genauso einmalig wie ich, wie unsere Beziehung. Und ihr Sohn war einmalig, sie ist einmalig, und ihre Beziehung war einmalig. Dennoch danke ich der lieben Lady, wer und wo immer sie auch sein mag. Sie handelte aus Güte und Mitleid. Falls jemand zuhört, der Segen spendet, so hoffe ich, daß Sie/Er ihr einen schickt.

Kurz nach der Beerdigung sagte Tom etwas, was mir damals kaum etwas, aber in den kommenden Jahren sehr viel bedeutete. Er sagte: »Er wäre sehr stolz auf dich gewesen. Du hast seinem Tod Würde verliehen.«

Ich fühle mich noch immer gedrängt, zu erklären, weshalb das wichtig ist. Ich denke, es hat mit der Tradition der Schande zu tun, der kulturell eingepflanzten Vorstellung, daß Selbstmord eine »Sünde« und deshalb moralisch tadelnswert sei. Ich glaube, daß ungefähr neununddreißig Menschen auf der ganzen Welt wissen, daß weder das Alte noch das Neue Testament den Selbstmord direkt verbietet. Das christliche Verbot datiert aus dem vierten Jahrhundert und wurde vom heiligen Augustinus verkündet, der sich schlichtweg wegen der ständig wachsenden Zahl jener Christen Gedanken machte, die entweder das Martyrium suchten oder fromme Zeloten waren, die dazu neigten, geradewegs in den Himmel zu marschieren, ohne auf Grün zu warten. Er ließ jedoch kein Wort über jene Menschen verlauten, die wegen körperlicher oder seelischer Gebrechen, wegen ihres Alters, aus Altruismus, persönlicher Ehre, Krankheit und ähnlichem Selbstmord begingen – Gründe, die 99,9 Prozent aller heutigen Selbstmorde erklären.

Ich habe mehrere Theorien darüber gelesen, wie aus Augustinus' moralischer Interpretation eine christliche Lehre wurde. Dazu gehört, daß in jeder analphabetischen Gesellschaft das Wort einer Autorität ebensoviel Gewicht besitzt wie das geschriebene Wort und bald schon damit verwechselt wird. Tatsache ist, daß einige Aspekte der menschlichen Natur und der amerikanischen Gesellschaft noch nie in Zusammenhang gebracht worden sind. Ein Aspekt ist, daß wir praktisch Analphabeten sind; das heißt, daß wir Amerikaner nicht besonders viel lesen, auch nicht in der Bibel. Die meisten von uns haben sie teilweise, einige wenige ganz gelesen. Und auch wenn Sie die Bibel gelesen haben (und ein sehr gutes Gedächtnis besitzen), wissen Sie genausowenig, was *nicht* in der Bibel steht, als was drinsteht.

Der zweite Aspekt ist der, daß der Mensch stets annimmt, wenn ein Bruchteil gut ist, müsse das Ganze noch besser sein. Wir neigen dazu, das zu übertreiben, was wir glauben. Und wenn Selbstmord unter bestimmten Umständen verboten ist, wird er bald schon generell für verboten gehalten.

Wenn Sie schließlich einen Blick auf die Geschichte werfen, wird völlig klar, daß die Leute stets dachten, alle sollten ihres Glaubens sein, weshalb sie ihn ihren Mitmenschen aufzwangen, sobald sich ihnen die Gelegenheit bot.

Das also ist meine Theorie darüber, wie ein sehr spezifischer Erlaß, von einem Geistlichen des vierten Jahrhunderts vor einem sehr kleinen Publikum verkündet, zu dem allgemein akzeptierten und (irrtümlich) der Bibel zugeschriebenen Gesetz wurde, daß »jeder, der Selbstmord begeht, geradewegs zur Hölle fährt«. Zu sagen, daß ich nicht daran glaube, hieße, die Untertreibung auf die Ebene des Lächerlichen zu ziehen.

Was jedoch nicht heißen soll, ich sei nicht dankbar dafür, daß meine Patienten nichts davon wissen. Immer wieder habe ich mir gesagt, daß allein die undenkbare Konsequenz (jenes Rösten in der Hölle) meine Patienten davon abgehalten hat, sich umzubringen. Glauben Sie mir, ich werde sie bestimmt nicht von ihrem Irrtum befreien. Was immer uns am Leben hält...

Da ich also Jims Tat nicht als »Sünde« betrachtete, war ich auch nicht beschämt. Und bei der Beerdigung verblaßte die Schmach über meinen Beitrag an seinem Tod vor meiner Verzweiflung. Meine damalige Sorge war, wie ich damit weiterleben sollte. Mir fiel nichts ein, mit dem ich dieses Loch jemals würde stopfen können; nichts, das mir den Anschein von Kontrolle zurückgeben konnte.

Fünf Jahre zuvor war ich mit dem Verlust meines geliebten

Schwagers fertig geworden, indem ich etwas über ihn schrieb, das bei der Beerdigungsfeier vorgelesen wurde. Tom ermutigte mich, das gleiche für Jim zu tun. Er sagte mir immer wieder, ich sei dazu imstande, obwohl ich immer wieder antwortete, ich könne es nicht.

Wie gewöhnlich hatte er recht.

Diesmal nahm meine Trauer die Gestalt eines Gedichtes an. Ich war nicht fähig, es laut vorzulesen. Ein Geistlicher, der Jim kannte, tat es für mich. Ich versichere Ihnen: Kein Oscar-Gewinner, kein Dichter hätte es besser gemacht. Ich danke ihm noch immer aus tiefstem Herzen für das innige Gefühl, mit dem er es vortrug:

Warum bist du gegangen, Jim?
Wie flüssiger Sonnenschein rannst du durch meine Finger
Und ließest mich mit meiner Schuld, meiner Wut und meiner Liebe allein.
Warum *diese* Entscheidung und nicht eine Million andere?

Es sieht dir irgendwie ähnlich.
Du hast keinen Platz für Fehler gelassen.
Ein Jäger, der sich schließlich selbst anpirscht,
Und angesichts seines verwundeten Opfers
Beschließt, dessen Qual ein Ende zu bereiten.

Du warst immer, immer ein Mensch, und sagtest es mir im Alter von Drei.
Ja, das warst du und wirst es mein Leben lang bleiben.
Denn ich mochte den Menschen, der du warst,
Fast so sehr, wie ich dich liebte.

Du bist fort.
Und du bist bei mir.

Ich trug und trage dich noch immer in mir.
Wenn du auch meine Zukunft abgetrieben hast,
Mit deinem kostbaren, geliebten Selbst.

Ich werde mir stets so vorkommen, als hätte ich dich im Stich
gelassen.
Trotzdem bin ich dankbar.
Denn ich weiß, daß Liebe das Leid überdauern kann.
Und ich werde mich anderen zuwenden, um zu ertragen,
Was ich allein nicht ertragen kann.
Ich liebe dich, Jim, mein Sohn.
Ich liebe dich.

Wie bei jedem Gedicht wird auch hier einiges direkt ausgesprochen, während man anderes zwischen den Zeilen lesen muß. Ich werde in diesem Buch versuchen, Ihnen das, was sich zwischen den Zeilen befindet, mitzuteilen. Aber es wird eine Weile dauern.

Peggy, mein Bruder David und Tom halfen mir über den größten Schmerz hinweg. Außerdem standen mir, wenn auch nicht im gleichen Maße, meine Nichte und ein paar Freunde zur Verfügung. Aber nicht meine Eltern. Ich war sehr verwirrt, wenn ich mich fragte, ob ich sie überhaupt um mich haben wollte. Also war es für mich in Ordnung. Ich bin mir ziemlich sicher, daß sie von Schuldgefühlen gequält wurden. Ich kann nicht sagen, daß es mich damals kümmerte. Ich hatte genug damit zu tun, mit meinem eigenen Schuldgefühl fertig zu werden.

Am ersten oder zweiten Morgen nach unserer Ankunft versuchte ich, meinen Vater zu trösten. Ich umarmte ihn. Er reagierte nicht. Er wartete, bis ich mich gesetzt hatte, um mir dann zu sagen, er habe gewußt, daß Jim Selbstmord begehen würde. Er sagte, Jim habe ihm vor einem Jahr gesagt, daß ihm danach zumute sei. Meinem Vater stiegen Tränen in die Augen, als er fortfuhr: »Als der Streifenwagen bremste, wußte ich, daß er es schließlich getan hatte. Mir wurde bewußt, daß ich die ganze Zeit darauf gewartet habe.« Er fügte hinzu, ich solle nicht verzweifeln, weil er wüßte, daß Jim jetzt im Himmel bei den Engeln, daß er »gerettet« sei. Dann zitierte er König David, der sich, nachdem sein kleiner Sohn gestorben war (nicht der bedeutendere Absalom, dachte ich bitter), weigerte zu trauern. Er sagte, es sei sinnlos, da sein Sohn nicht mehr zu ihm zurückkehren, er jedoch eines Tages zu ihm gehen würde. Mein Vater sagte: »Ich werde zu ihm gehen.« Und ich dachte daran, wie entzückt Jim sein würde, ihn wiederzusehen, sagte jedoch: »Entschuldige.« Dann stand ich auf und ging in Jims Schlafzimmer, wo ich, am ganzen Körper zitternd, meine Schwester anrief und sagte: »Du mußt *sofort* kommen.« Ich hätte meinen Vater am liebsten umgebracht, und Peggy erschien mir als der einzige Mensch, der mich davon abhalten konnte.

Das klingt schrecklich, nicht wahr? Aber so fühlte ich mich, fühle ich mich noch immer, wenn ich an seine Worte denke, die mich wie Hammerschläge trafen. Zu hören, daß er vor einem Jahr gewarnt worden, es jedoch nicht für nötig gehalten hatte, mich anzurufen und mir zu sagen, daß mein Sohn derart verzweifelt war. Die alte, uralte Botschaft zu hören, es sei das wichtigste, daß er jetzt im Himmel wäre und daß er keine konstruktiven Maßnahmen ergriffen hatte, um die emotionale Krise zu lösen, die sich vor seinen Augen abspielte. Zu hören, daß er, zumindest im wesentlichen, seinen großen Anteil an Jims Selbstmord leugnete, ganz zu schweigen von der Geringschätzung meiner Gefühle und Erfahrungen, die sich hinter seinen Worten verbarg.

Lassen Sie es mich Ihnen erklären.

Ich habe immer gezeigt, daß ich den Glauben meines Vaters

respektiere, doch er wußte seit Jahren, daß ich ihn nicht teilte. Ich bin keine Agnostikerin, aber ich habe mir eine Philosophie und eine Form der Spiritualität zurechtgelegt, die für mich einen Sinn ergeben und mich über jedes Dogma in Zorn geraten lassen. Unter meinen Freunden befinden sich einige Geistliche, die ich oft mit meinen Bibelkenntnissen in Erstaunen versetze. Sie sagen, ich sei eine sehr gute Theologin.

Ich habe alles mitgemacht. Ich habe dreimal wöchentlich die Kirche besucht, bin zur Sonntagsschule gegangen, wurde »gerettet« und wieder rückfällig, gefolgt von »erneuter Hingabe« (ich bin froh, daß ich das alles schon früh hinter mir gelassen habe). Heute ärgert mich nichts so sehr wie ein Mensch, der nicht nur vollkommen von seinem religiösen System bezaubert ist, sondern auch noch glaubt, Gott habe ihn mit dem ausdrücklichen Befehl auf die Welt gesandt, jeden anderen dazu zu bringen, ihm recht zu geben. Ich komme mir wie jener Freund meines Vaters vor, der einmal witzelte: »Ich wurde erst Demokrat, als ich lesen konnte.« Man kann sagen, daß ich keiner offiziellen Religion (als Gegenteil zur Spiritualität) angehöre, seit ich gelernt habe, zu »lesen«, was außerhalb meines christlichen Glaubens vor sich ging.

Ich bekehrte meinen Vater nicht zu meiner Ideologie. Doch er stellte mir manchmal Fragen, zum Beispiel, ob ich an den Himmel, den Teufel usw. glaube. Ich antwortete ihm ehrlich, fügte jedoch hinzu, ich sei der Meinung, jeder solle sich an das halten, was ihm hilft. Ich habe niemals von ihm erwartet noch ihn darum gebeten, spirituelle Angelegenheiten auf meine Weise zu sehen. Seine Worte an jenem Morgen erinnerten mich daran, daß er diesen Akt der Höflichkeit nie erwidert hat.

Wenn ich sage, daß er meine Erfahrung leugnete, beziehe ich mich auch auf die Tatsache, daß ich nicht nur Psychiaterin, sondern eine Menninger-Absolventin bin, was bedeutete, daß ich in einer der besten psychiatrischen Anstalten der Welt ausgebildet worden bin. Ich war unbestreitbar Jims Mutter und nicht seine Psychiaterin. Ich hatte nicht einmal versucht, diese Rolle zu spielen. Aber ich hätte das »System« verstanden und ihm die Hilfe geben können, die er brauchte. Das Versäumnis meines Vater (das auf der Geringschätzung meines Berufes beruhte, da mein Vater davon überzeugt ist, daß man nur mit Gott klarkommen muß, damit alles wieder gut wird) sorgte dafür, daß ich niemals die Gelegenheit erhielt, meinem Sohn zu helfen.

Sie werden sich natürlich jetzt fragen, weshalb Jim nicht mit mir darüber gesprochen hat, wie er sich fühlte. Ich glaube, die Antwort ist am besten in einem Satz von Peggy zusammengefaßt. Als ich ihr die Frage stellte, antwortete sie: »Jim hatte die Beziehung zu dir, die er haben wollte.«

Ja. Ich war die seltsame Mom gewesen und hatte alle Mom- (und auch die meisten Dad-)Funktionen erfüllt, während er wuchs. Aber in einem Jahr war ich zugleich Collegeanfängerin und Jims Cub-Scout-Mutter. Ich steuerte die medizinische Fakultät an, während er mit der High-School anfing, und wurde immer für seine ältere Schwester gehalten. Ich bog mich vor Lachen über seine Witze und traf gemeinsam mit ihm wichtige Entscheidungen. In unseren Köpfen spukt noch die alte Vorstellung herum, daß nur die Eltern ihren Kindern etwas geben. Wir sehen nicht, wieviel sie uns schenken. Einmal war ich ziemlich entmutigt. Ich hatte kaum noch einen Funken Selbstvertrauen. Ich fragte laut, was ich da eigentlich mache; da wollte ich auf die medizinische Fakultät, wo ich doch so ein Schwachkopf war, der jede wichtige Angelegenheit in seinem Leben vermasselt hatte. Jim, der damals noch nicht ganz dreizehn Jahre alt war, ließ sich neben mich fallen, legte die Arme um mich und sagte: »Du bist nur müde, Mom. Du versuchst zuviel auf einmal zu erledigen. Mach eine Pause.

Laß deine Abendkurse sausen. Fang erst damit an, wenn du nicht mehr so lange arbeiten mußt.« Als ich darauf nicht reagierte, fuhr er fort: »Du wirst eine schreckliche Ärztin werden. Ich glaube, du solltest dir noch einmal Gedanken darüber machen, ob du nicht lieber Chirurgie als Familien-Medizin studieren solltest.«

Ich sah ihn neugierig an und fragte: »Warum?«

Er grinste und antwortete: »Oh, du weißt doch, Schneiden und Nähen ist Frauenarbeit.«

Ich kicherte. Er fuhr fort: »Überleg mal. Du könntest einige deiner Handarbeiten im Wartezimmer unterbringen – dann könnten sich deine Patienten ihren Lieblingsstich aussuchen. Das wäre ein echter Wettbewerbsvorteil.«

Ist das eine wertvolle Erinnerung? Ja. Und eine wichtige dazu, da ich bezeichnenderweise nicht gut darin bin, um beruhigende Worte zu bitten oder sie zu akzeptieren. Ich brauchte Jims Liebe, seinen Humor, seinen Glauben an mich. Und da er mich kannte, wußte er, wie er es anstellen mußte, um Erfolg zu haben. Ich habe stets versucht, es ihm mit gleicher Münze zurückzuzahlen. Das war die Beziehung, die er zu mir haben wollte – jene, auf die Peggy angespielt hatte. Dennoch habe ich ihm selbst in meiner größten Verzweiflung meine Sorgen nicht aufgebürdet und würde es auch nie getan haben. Wir haben zwar die zuvor beschriebene Krise gemeinsam durchgestanden. Aber es hat in meinem Leben noch andere, schwerere Krisen gegeben, mit denen ich so gut wie möglich allein fertig geworden bin, ohne ihn mit hineinzuziehen. Ich denke, er versuchte das gleiche, als er sich ein ganzes Jahr lang mit Selbstmordabsichten trug, ohne mir etwas davon zu sagen.

Ich wußte, daß er depressiv war. Das hörte man an seiner Stimme, an seiner Wortwahl. Er hat mir von seinem Kummer darüber erzählt, daß mein Vater ihm immer in den Rücken fiele und ihn ständig kritisierte, von seinen Rückenschmerzen (verstehen Sie jetzt, was ich mit psychosomatischer Krankheit meine? Mein Vater war immer hinter ihm, brach seinen Rücken, stach ihm in den Rücken). Er erzählte mir von seinen Geldsorgen. Und wenn ich anfing, alarmiert zu klingen, begann er herumzualbern und hektisch Vignetten aus dem Leben bei den Scotts zu malen. (Meine Mutter ist zum Beispiel eine berüchtigte Nörglerin. Jim sagte ihr einmal, sie solle ihre Tiraden auf Band aufnehmen, damit er sich immer nur so viel anhören könnte, wie er ertragen konnte.)

Ich sorgte mich ständig wegen seiner Unfähigkeit, auf eigenen Füßen zu stehen. Ich begriff, daß es am Geld lag. Ich wußte, daß Jims Ausbildung und Berufserfahrung sich aufs Schweißen und auf Dinge bezog, die mit der Ölindustrie zu tun hatten, die in den Achtzigern schwer darniederlag. Er war ein guter Verkäufer. Aber er kam nicht mit den niedrigen Anfangslöhnen zurecht. Die meisten Menschen mit einer hochbezahlten Fähigkeit sind in dieser Falle gefangen. Wenn die Wirtschaft nicht die Ausübung ihrer Geschicklichkeit in einem Vollzeitjob unterstützen würde, fiele es ihnen schwer, nicht den Eindruck zu gewinnen, daß sie auch ihren Wert verloren haben. Ein schlechtbezahlter Job scheint zu bestätigen, daß sie nicht viel wert sind. Und das ist nicht leicht zu schlucken.

Mir war auch bewußt, daß Jim als Einzelkind natürlich isoliert war und daß meine Eltern die stabilste Form einer Familie bildeten, die er kannte. Sie hielten die Beziehung zwischen ihm und seinen Cousinen und Cousins, Tanten und Onkeln aufrecht – Teil eines Musters, das ihm ein Gefühl dafür gab, wer er war und wo er hingehörte. Ich heiratete seinen Vater mit fünfzehn (Garland war achtzehn), ließ mich mit neunzehn von ihm scheiden und heiratete noch im gleichen Jahr ein zweites Mal. Jims Stiefvater adoptierte Jim, weil er zu dem Zeitpunkt erst zwei Jahre alt war. Aber ich ließ mich neun

Jahre später auch von diesem »Dad« scheiden, und er und Jim entfernten sich mit der Zeit voneinander.

Ich glaube, daß beides, die Entfernung und Jims Identifikation mit meinen Eltern, der Anlaß dazu war, daß er mit fünfzehn Jahren seinen Familiennamen in Scott umänderte. Das war vier Jahre nach der zweiten Scheidung. Er fragte mich, ob ich es nicht auch leid sei, den Leuten ständig meinen Nachnamen zu erklären (der deutsch und schwer auszusprechen war). Als ich es bejahte, schlug er vor, daß wir zusammen einen Antrag auf Namesänderung stellen sollten und so zur gleichen Zeit zu Scotts werden könnten. Er führte an, daß es häufig Probleme gäbe, weil er bei seinen Großeltern lebe und einen anderen Nachnamen habe. Wenn er den gleichen Namen wie sie trüge, würde ihr und sein Leben einfacher sein. Ich erinnere mich noch, wie ich ihn aufzog: »Wenn du den Mädchennamen deiner Mutter trägst, sieht es so aus, als hättest du unter nicht gerade idealen Umständen das Licht der Welt erblickt.«

Er lachte und sagte, daß es Garland vermutlich peinlicher wäre als ihm, besonders, da ein einziger Blick auf sie beide reiche, um die Vaterschaft festzustellen.

Die ganze Geschichte sagt meiner Meinung nach einiges über Jims verschrobenen Humor aus; einen Humor, der dem meinen ähnelt. Einem Humor mit einer starken bilderstürmerischen Ader, der jeder (eigenen oder fremden) Prahlerei den Wind aus den Segeln nimmt. Dieser Humor geht unter die Haut und bestätigt einem, daß das Äußere verdammt wenig bedeutet. Ich sah großartig aus, obwohl ich innerlich total aufgelöst war; ich wirkte wie eine Hektikerin und wußte doch, daß ich fest wie Stein war. Jim war stets für letzteres empfänglich, während ich versuchte, ersteres zu verheimlichen. Und als rücksichtsvoller Sohn tat er so, als hätte ich es schon überstanden.

Menschen, die einander lieben, handeln manchmal so. Sie kennen die Fehler des anderen. Sie wissen, woran noch gearbeitet werden muß. Und sie wissen, wie lebensnotwendig manchmal unbedingte Liebe für uns ist. Wir brauchen sie unendlich viel mehr als konstruktive Kritik. Ich glaubte, Jim brauche meine Ermutigung und meinen blinden Glauben an ihn, also schwieg ich über all jene Probleme, die er nie zu lösen schien. Manchmal tat er das gleiche für mich. Ich denke, das war unsere »Abmachung«. Und ich glaube, daß jeder von uns die Beziehung hatte, die er wollte.

Ich würde sagen, daß mein Schweigen in diesem Fall schreckliche Folgen hatte. Aber in Wahrheit ist ein Selbstmord nicht so einfach. Selbst wenn es tatsächlich so gewesen sein sollte, weiß ich nicht, wie gewichtig es war. Ich weiß auch nicht, ob es sinnvoll ist, mich wegen etwas zu bestrafen, an das ich unbedingt glaube.

Manchmal ließ Jim mich allein. Manchmal ließ ich ihn allein. Das nennt man: einander Freiraum lassen. Und so soll es meiner Meinung nach sein. Ich könnte mich jetzt fragen, ob ich ihm nicht zuviel Freiraum gelassen habe oder weshalb ich so großen Wert darauf legte (natürlich weiß ich die Antwort auf letztere Frage – ich legte so großen Wert darauf, weil meine Mutter niemals aus meinem Gesichtsfeld zu verschwinden schien).

Aber diese konsequent beibehaltene Distanz brachte mich dazu, in mein nach Jims Tod angelegtes Tagebuch zu schreiben: »Als mir bewußt wurde, daß er nicht mehr lebte, war er tot.«

Kapitel 4

Tagebuchschreiben,
um zu überleben

Es folgen einige Tagebucheintragungen, die ich mit Ihnen teilen möchte. Sie beginnen am 26. November 1984, zehn Tage nach Jims Tod. Ich habe sie in der Reihenfolge gelassen, in der ich sie geschrieben habe.

26. 11. 84 Unter seinen Sachen entdeckte ich sein High-School-Diplom und die Einladung. Dazwischen befanden sich die Einladung zu meiner Abschlußfeier an der medizinischen Fakultät und die Ankündigung meines Assistenten-Abschlusses. Inmitten dieser spärlichen »Schätze« lag ein Programm für einen Preisverleihungs-Abend im College – und jedesmal, wenn mein Name auftauchte, hat er ihn markiert. Er hat es aus dem Jahr 1971 hinübergerettet.
Ich saß dort, hielt die Papiere in der Hand und weinte. Ich weinte, weil mein Sohn so stolz auf mich gewesen war, stolzer als auf sich selbst. Ich würde alles dafür geben, wenn es andersherum gewesen wäre.

27. 11. 84 Einmal haben wir Weihnachten, 1.120 Kilometer von einander entfernt, identische Ketten gekauft. Ich öffnete sein Geschenk und war einen Moment lang verwirrt und dachte, ich hätte sein Geschenk versehentlich an mich adressiert. Wir lachten darüber, und ich sagte etwas über seinen exquisiten Geschmack und daß »große Geister in gleichen Bahnen denken«.

Ich habe die Kette in seinem Zimmer mit einer Erkennungsmarke daran wiedergefunden, auf der sein Name stand – ein weiteres Geschenk von mir. Abgesehen von Manschettenknöpfen und einer Krawattennadel war es der einzige Schmuck im Zimmer. Er hat diese Kette wirklich getragen. Sie ist mit Körperöl verschmiert – nicht schmutzig, sondern in seine Chemie eingebettet.

Als ich sie entdeckte und mit nach Hause nahm, hatte ich vor, sie zu säubern und zu tragen. Aber jetzt weiß ich, daß sie für mich in ihrem jetzigen Zustand viel wertvoller ist.

Ich kann mich nicht dazu durchringen, meine Kette zu tragen.

Es liegt etwas Anrührendes darin, sie nebeneinander zu sehen. Kurz nachdem ich meine Kette bekam, habe ich aus ihr ein paar Glieder entfernen lassen. Sie liegt jetzt am Hals an. Seine ist um einiges länger.

Mein Sohn war immer so kräftig. Die Familie nannte ihn mein »Badeschwamm-Baby«, mit seinen stämmigen kleinen Beinen und den Grübchen an den Fingergelenken.

Er wurde nie größer als ich, und sein Haar war niemals ganz so schwarz wie meins, und unser Lächeln war das gleiche, und seine Augen waren eine Mischung aus den Augen seines Vaters und meinen.

Und ich liebe ihn, und ich vermisse ihn, und ich würde alles, einschließlich meines Lebens, geben, wenn er dadurch wieder lebendig würde.

29. 11. 84 Ich lag herum (ich bin so unendlich *müde*) und hatte das eigenartige Gefühl, Jim zu sein. Mein Gesicht auf dem Kissen war sein Gesicht. Und hätte ich die Augen geöffnet, wären es Jims Augen gewesen. Es kam mir vor, als sei meine Schulter breiter, als sei ich schwerer, als sei mein Haar heller und lockiger.

Sollte es nicht genau umgekehrt, sollten nicht unsere Eltern in uns sein? Ich glaube nicht, daß ich jemals daran gedacht habe, außer auf eine eher abstrakte Weise.

Vielleicht läßt das Leid Abstraktionen Wirklichkeit werden. Heute ist ein sehr schlimmer Tag.

Letzten Donnerstag war Thanksgiving, also war ich beschäftigt und abgelenkt. Doch jetzt kann ich dem Gedanken nicht entkommen: »Heute vor zwei Wochen sollte Jim nur noch vierundzwanzig Stunden lang leben.«

Ich quäle mich mit den Gedanken, die ihm damals durch den Kopf gegangen sein mögen. Und wie jemand, der eine offene Wunde erforscht, stelle ich mir diesen letzten Bruchteil einer Sekunde vor. Sagte er etwas wie »Tut mir leid, Mom«? Waren seine Augen offen oder geschlossen? Ich weiß nicht, weshalb diese Dinge eine Rolle spielen, aber ich weiß, daß diese Fragen niemals beantwortet werden. Ich hoffe nur, daß ich eines Tages aufhöre, Fragen zu stellen.

Letzte Nacht habe ich von ihm geträumt, und ich wünschte, ich könnte an prophetische Träume glauben. Denn er war da. Er kam von den Toten zurück, um mir zu sagen, daß es ihm gutgehe, daß ich mir keine Sorgen um ihn zu machen brauche. Er sagte, er hätte ein Mädchen namens Marian geheiratet und daß sie ein Baby erwarteten. Ich kann mich nicht daran erinnern, etwas gesagt zu haben. Ich erinnere mich nur noch an seine Worte und wie sich seine Hand auf meiner Schulter anfühlte.

Oh, Jim – manchmal bringt meine gequälte Seele nur noch diese beiden Worte zustande. Oh, Jim...

»Talentiert zu sein, ohne zu wissen, wie man das Beste aus seinen Talenten macht, überaus ehrgeizig zu sein und sich gleichzeitig minderwertig zu fühlen, ist eine gefährliche Mischung, die häufig mit einem Nervenzusammenbruch oder Selbstmord endet.«[*]

»Die psychoanalytische Behandlungsmethode ist eine großartige Entdeckung, doch hat sie die Psychiatrie nicht verändert. Es war das neue Verständnis der menschlichen Motive und inneren Ressourcen, das die psychoanalytische Forschung uns schenkte; die Intensität teilweise vergrabener Konflikte, die unbekannten und unergründlichen Tiefen und Höhen unserer Natur, die ungeheure Kraft, die jedem von uns innewohnt und die entscheidet, ob wir leben oder sterben. Es war die Erkenntnis, daß wir jeden einzelnen ermutigen müssen, sich selbst nicht als bloßen Beobachter kosmischer Ereignisse zu sehen, sondern als Hauptbeweger; sich selbst nicht als untätige Episode im unendlichen Universum zu betrachten, sondern als wichtigen Teil, der die Macht besitzt, große Entscheidungen durch kleine zu beeinflussen.«[**]

1. 12. 84 Wir haben jetzt Dezember, Jim. Einen Dezember, den du niemals sehen wirst. Einen Dezember ohne dich. Ich hatte nicht vor, dich an jenem Weihnachtsfest zu besuchen – ich war an der Reihe, besucht zu werden –, und ich erinnere mich noch daran, mich gefragt zu haben, ob das ein Faktor gewesen sei, habe jedoch entschieden, daß das übertrieben war.

[*] W. H. Auden (1980). Vorwort zu *Markings* von Dag Hammarskjöld. New York: Knopf.
[**] Karl Menninger (1959). *Hope*. Grußwort zum 115th Annual Meeting of the American Psychiatric Association.

Die beiden letzten Zeilen deines Briefes lauten: »Meine Träume und meine Sehnsüchte fordern mehr, als ich geben kann. Das verdammte Problem ist, daß ich Menschen gefunden habe, die an sich und an die Rolle glauben, die sie im Leben spielen.«

Hier endet der Satz (anscheinend), Sohn, aber ich glaube, ich weiß, wie er weitergeht: »...und ich nicht – ich glaube weder an mich, noch weiß ich, was ich mit meinem Leben machen soll.«

Ich fühle mich dafür verantwortlich. Und dennoch: Ich weiß, wie oft und auf wie viele Arten ich versucht habe, dir zu helfen, daran zu glauben.

Du hast vor allem unter dem Vergleich mit *mir* gelitten. Und das Schuldgefühl, das ich deswegen empfand, hat mich über Jahre hinweg fast entzweigerissen. Ich sagte zu Peggy: »Wenn ich nicht so viel hätte erreichen müssen, wenn ich zu Hause geblieben und niemals aufs College gegangen, niemals Ärztin geworden wäre?« Und sie antwortete mir ehrlich und voller Liebe: »Er war stolz auf dich, Sis. Und selbst wenn du zu Hause geblieben wärst und nichts von alledem getan hättest – es hätte nichts geändert. Alle, einschließlich Jim, hätten gewußt, wie klug du bist.«

Aber klug und klug ist zweierlei – und es machte mich verrückt, daß du das nie verstehen, mir nie glauben konntest, daß ich dich in anderer Hinsicht überlegen fand. Alle meine Versuche, es dir zu sagen, wurden beiseite gewischt. Für dich klang gönnerhaft, was von mir als Vertrauenskredit gemeint war. Ich versuchte zu sagen: »Ich glaube an dich, Jim. Ich bin stolz auf dich. Bitte glaube so an dich, wie ich es tue.«

Ich habe noch immer diesen verrückten Gedanken über die Zeit, als ich mit dir schwanger ging – ich weiß nicht, ob ich dadurch nicht noch mehr am Haken hänge oder er mich davon befreit hat und dein Vater jetzt statt meiner daran hängt.

Damals war ich sehr unglücklich. Ich glaube, ich habe jeden Tag geweint. Mir ging nicht aus dem Kopf, was dein Vater mir gesagt hat: daß er dich niemals lieben würde, daß er sich vor meinem Anblick ekle, daß du mein und nicht sein Kind seist, da ich dich wollte, er nicht. Und ich ging in das Zimmer, das einmal dein Zimmer werden sollte, nahm deine weichen Babysachen und weinte und machte dir Versprechungen. Ich versprach dir, dich genug für uns beide zu lieben und daß ich, obwohl ich nichts Besonderes war, mein möglichstes tun würde, um dir eine gute Mutter zu sein.

Heute denke ich, daß ich dich auf grundlegende Weise geschädigt habe. Daß mein Schmerz sich in deinem Innern festsetzte und jahrelang dort schlummerte, um in einem einzigen, verheerenden Akt der Selbstzerstörung auszubrechen.

Ich habe das Gefühl, als hätte ich dich vergiftet, Sohn. Als hätte ich dir meine Selbstzweifel, meinen Schmerz mitgegeben, sie von mir direkt auf dich übertragen, doch ohne die Gene, die mich befähigten, ihnen standzuhalten. Ohne meine Halsstarrigkeit und Zähigkeit. Hätte ich aus dir einen Stier machen sollen, wie ich einer bin, statt eines weichherzigen kleinen Krebses? Aber weißt du – ich habe deine Geburt nicht geplant – und wenn ich es getan hätte, würde ich es besser gemacht und einen anderen Monat ausgesucht haben.

Heute kann ich mir dich nicht mehr anders vorstellen. Deine Fehler waren für dich tödlich, doch für mich waren sie unwichtig, verglichen mit dem übrigen.

Meine Wut auf dich bedrückt mich immer noch. Sie rührt hauptsächlich daher, daß ich mir betrogen vorkomme. Du hast mich deiner Gesellschaft beraubt; der besonderen Beziehung zwischen Mutter und Sohn; deines ungezwungenen Lachens und der leichten Unbeholfenheit deiner Umarmungen. Du hast eine junge Frau um die Liebe zu dir betrogen und um die Lust, von dir geliebt zu werden. Du hast mich um die Chance betrogen, herauszufinden, was für eine Art Schwiegermutter ich sein könnte. Du hast mich um die Möglichkeit betrogen, gewisse Grenzen in mir zu erproben. Und zusätzlich zum Schmerz um deinen Verlust hast du mir das Leid aufgebürdet, meine Enkelkinder zu verlieren, denn jetzt wird es nie mehr welche geben.

Seltsam, nicht wahr? Mein Hobby ist die Genealogie, und ich habe mir unsere Familie immer als eine ununterbrochene Kette vorgestellt. Eine direkte Linie, die sich durch die Zeiten zieht; durch dich, durch mich. Du hast diese Kette zerbrochen, Jim. Mein letztes Verbindungsglied zerriß mit dir.

Nun, vielleicht ist es an der Zeit. Ich halte mich jetzt ohnehin nicht für wertvoll genug, um mich zu verewigen.

Ich habe über den Begriff »psychologische Autopsie« nachgedacht – ein wunderbarer Euphemismus, den sich irgend so ein Seelenklempner ausgedacht hat, um den Prozeß der genauen Untersuchung »postmortaler psychologischer Beweise« (oft denen eines Selbstmordes) zu beschreiben, die Suche nach einer Erklärung oder Theorie, die zu den bekannten Tatsachen paßt.

Was ich auf eine Art getan habe. Aber ich finde den Begriff makaber. Ich habe mich einen Augenblick lang gefragt, weshalb wir uns solche Begriffe ausdenken. Dann wußte ich es. Selbstschutz. Wir tun es, um uns vom Tod, und vielleicht noch mehr vom »Todeswunsch«, von der menschlichen Zerstörungswut, zu distanzieren.

Ich habe bestimmt nichts Neues entdeckt – es ist nur, daß meine Odyssee so persönlich ist. Jim ist für mich keine Fallstudie – er lag als Baby in meinen Armen, mit seinem ansteckenden Lachen, tausend erstarrte Bilder in meinem Kopf, so viele zärtliche Augenblicke, so oft blitzte ein wechselseitiges Gefühl auf, eine verwandte Seele, mein größter Ermutiger in Zeiten, in denen ich Ermutigung brauchte, eine Erwägung bei all meinen großen Entscheidungen, Teil meiner Alltagsgedanken, seit ich ihn empfing.

Er paßt in das klassische Bild, er hat sogar meine Neigung zur Depression geerbt. Aber er war kein klassischer Fall – er war mein Sohn, und ich fühle mich verantwortlich, während ich zur selben Zeit nicht weiß, wie ich all die verzweifelten Maßnahmen hätte ergreifen können, die mir jetzt einfallen.

2. 12. 84 In einem Brief an einen Freund, dessen Sohn gestorben war, schrieb Sigmund Freud: »Wir finden einen Platz für das, was wir verlieren. Und obgleich wir wissen, daß nach solch einem Verlust der akute Trauerzustand abklingen wird, ist uns gleichzeitig bewußt, daß wir untröstlich bleiben und niemals einen Ersatz finden werden. Was immer auch jene Lücke füllen mag, selbst wenn sie vollkommen gefüllt ist, ein Rest bleibt immer.«*

Ich bin so froh, daß es dich gegeben hat – selbst wenn die Zeit für mich zu kurz und für dich zu lang war.

Ich bin froh, dich gehabt zu haben. Ich bin froh, daß meine Erinnerungen voll von dir sind. Ich bin froh, daß du mir die Möglichkeit gegeben hast, festzustellen, was es bedeutet, Mutter zu sein. Ich glaube, du warst für *meine* Entwicklung sehr gut, auch wenn ich nicht so gut für deine gewesen bin.

Tut mir leid, daß ich manchmal so verstockt war. Tut mir leid, daß ich nicht geduldiger gewesen bin. Tut mir leid, daß ich

* E. L. Freud (Hrsg.) (1961). *Letters of Sigmund Freud.* New York: Basic Books.

dich geschlagen und dich angeschrien habe. Ich bedaure jede kritische Bemerkung, jedes kritische Verhalten.

Mea culpa, mea culpa, mea maxima culpa.

Ich wünschte, es gäbe jemanden, der mir vergeben könnte. Niemand könnte strenger mit mir sein als ich selbst.

4. 12. 84 Heute hat meine Lieblingsnichte Vona Geburtstag. Wahrscheinlich kannst du dir nicht vorstellen, wie es ist, »Lieblinge« zu haben, aber ich. Das Schicksal (oder was auch immer) verfügte, daß meine Schwester und ich jeweils nur ein Kind bekamen – sie hatte das Mädchen, ich den Jungen. Und jede von uns bekam eine Kostprobe davon, wie es war, Pseudomutter eines Kindes vom anderen Geschlecht zu sein.

Sie ist sehr lieb zu mir. Und ich bewundere sie. Sie tut, was sie will, und läßt, was sie nicht will. Und das weit mehr als Peggy und ich. Ich schätze, das ist Selbstbewußtsein, wie es sein sollte – weil sie liebevoll und verantwortungsbewußt damit umgeht.

Sie harmoniert mit meinen Bedürfnissen.

Früher holten Peggy und ich uns jedesmal, wenn ich nach Hause kam, einen Beutel mit unseren Lieblingsbonbons, die wir dann gemeinsam aßen. Das war eines jener Familienrituale, die einem das Herz erwärmen, weil es in sich Bedeutungen birgt, die man nicht auszusprechen braucht.

Und diesmal kam Vona hereinspaziert und gab mir einen Beutel mit jenen Bonbons. Ich dankte ihr und umarmte sie, aber ich hielt sie für verrückt. Ich hatte Probleme, überhaupt etwas herunterzubekommen – und sie brachte mir *Bonbons*!?

Der Gedanke verlor sich. Aber sie saß stundenlang neben meinem Sessel und berührte mich. Ab und zu beugte ich mich vor, zog sie mit einem Kosenamen auf, umarmte sie und wurde umarmt.

Sie fuhr den Wagen vom Trauerhaus zum Friedhof. Ich weiß nicht, weshalb – vielleicht gab es einen praktischen Grund dafür –, aber dadurch, daß ich sie am Steuer sah, mit geröteten, aber trockenen Augen, blieb mir meine eigene Stärke erhalten. Und es kam mir so richtig vor.

Ich weiß nicht, wann ich endlich die Sache mit den Bonbons verstanden habe. Vielleicht verstehe ich nicht jede Bedeutungsebene, ebensowenig, wie ich alle Bindungsebenen verstehe, die eine Familie ausmachen.

Ich glaube, daß ich sie sehr liebe.

6. 12. 84 Letzte Nacht habe ich wieder von Jim geträumt. Ich war im Haus meiner Eltern und wollte gerade abfahren (und zu jenem Ort zurückzukehren, den ich heute mein »Zuhause« nenne, jetzt, wo der Ort, den ich immer mein Zuhause nannte, das »Haus meiner Eltern« geworden ist). Ich kann mich nicht mehr an die Worte erinnern, nur an das Freudengefühl bei der Abfahrt. Ich ging in ein unbekanntes Zimmer und entdeckte dort eine riesige rostfreie Stahlkiste (ähnlich Jims rostfreiem Stahlsarg) mit Fächern (im ganzen waren es neun. Sie erinnerten mich an ein dreidimensionales »Schiffeversenken«-Raster). Im zweiten Fach auf der linken Seite befand sich ein Mann. Ich erkannte meinen Vater an der haarlosen Stelle auf seinem Kopf. Und im obersten Regal auf der rechten Seite war mein Jim, den Kopf durch einen Schuß unförmig, aber nicht blutig (das Gegenteil von »Mein Kopf ist blutig, aber nicht gebeugt«?), und dennoch ohne jeden Zweifel Jim. Er drehte sich in diesem kleinen Fach um, schaute mir direkt ins Gesicht und sagte: »Mir geht es gut, Mom. Wirklich. Mir geht es gut.« Ich wollte gerade erwidern: »Tut mir leid, Jim, daß ich dich bei ihnen gelassen habe.« Er wirkte wütend und ungeduldig und sagte: »Ich muß jetzt gehen.« Dann verschwanden beide.

So ist es – ich muß mit meinen Entschuldigungen und Schuldgefühlen allein fertig werden. Ich spürte, wie wütend, wie ungeduldig er war – nicht bereit, zuzuhören, nicht bereit, einen Kompromiß zu schließen.

Ich lernte einmal einen Mann kennen, dessen Bruder Selbstmord begangen hatte. Er wollte eigentlich nur wissen, ob seine Gefühle normal waren. Er sagte etwas, das mir seitdem nicht aus dem Kopf gegangen ist; etwas, das das Wesen jener Frustration einfängt, die jemand empfindet, der einen Menschen durch Selbstmord verloren hat: »Er beendete den Dialog. Jetzt habe ich nur noch meine Hälfte.«

8. 12. 84 Gestern abend hat mich meine Mutter angerufen. Ich sagte ihr, daß mit mir alles in Ordnung sei; daß ich gute und schlechte Tage hätte. Ich fragte, wie es ihr und meinem Vater ginge. Sie sagte: »Zuerst dachte ich, er würde nicht darüber hinwegkommen. Er trauert so sehr um ihn.« Sie machte eine Pause und fing an zu weinen. Dann fuhr sie fort: »Ich sehe ihn überall.« Und wieder nach einer Pause: »Ich bin dir keine große Hilfe. Ich lege besser auf.«

Ich sagte: »Ist okay, Mom. Ich weiß dein Interesse zu würdigen. Danke für den Anruf.«

»Nun, ich lege besser auf.«

Ich fühlte Mitleid, aber das war wirklich alles, was ich fühlte. Die Art von Mitleid, die man Fremden entgegenbringt.

Ich empfinde nicht jene Art von Wut, die einen dazu bringt, daß man um sich schlägt. Ich empfinde noch nicht einmal die Art, die einen Wohlwollen vortäuschen läßt. Meine Wut ist eine Wut, die mit der Vergangenheit Schluß macht. Ich glaube, deshalb war mein Vater mit Jim in der Stahlkiste. Ich glaube, daß er jetzt für mich gestorben ist.

Es ist irgendwie erleichternd.

Ich weiß, daß meine Eltern mich lieben – wenigstens lieben sie das Ich, für das sie mich halten. Aber ich mag sie nicht, und ich glaube nicht, daß sie mich mögen.

Ich glaube, nur die Zukunft wird zeigen, ob meine Eltern immer noch meine Eltern, ob wir noch miteinander verbunden, ob unsere »Verwandtschaft« mehr als eine bloße Entscheidung ist.

Ich habe meine Lebensversicherungs-Police zwischen seinen Sachen entdeckt. Mein Zettel war auch noch da. Auf ihm stand: »Jim, diese Police ist auf Dich ausgestellt. Ich bin der Meinung, daß sie in Deinem Besitz sein sollte für den Fall, daß ich während einer Reise oder ähnlichem den Löffel abgebe. Ich liebe Dich. Mom.«

Der Zettel sieht aus, als sei er in eine Schlammpfütze gefallen. Aber damals sah Jims Zimmer wie eine Schlammpfütze aus.

Das ist das Seltsamste. Er war überaus heikel, wenn es um seine Person ging. Sein Haar war immer sauber, er schien sich mehrmals am Tag umzuziehen. Oft badete er morgens und abends. Aber sein Zimmer war eine Katastrophe.

Peggy war entsetzt über den Zustand, in dem es sich befand – sie ist der Meinung, daß es den Grad seiner Depression wiederspiegelte. Wenn sie recht hat, dann war er schon lange, lange Zeit depressiv. Ich nörgelte und schimpfte und tobte und drohte immer wieder damit, seine Sachen rauszuwerfen. Ich hörte auf, seine Unterhosen einzusammeln, als er neun Jahre alt war. Genau zur rechten Zeit. Später erzählte er mir nämlich, er hätte danach in einer davon eine tote Schlange aufbewahrt.

Als er zehn war, gab ich sein Zimmer endgültig auf. Ich zog den Staubsauger bis vor seine Tür und sagte: »Von jetzt an bist du auf dich allein gestellt, Kleiner.« Ich teilte ihm mit, daß ich zwar seine Sachen waschen, aber sein Zimmer erst wieder betreten würde, wenn es sauber wäre. Ich beschloß, mich außerhalb dieses Zimmers an ihm zu erfreuen. Sollte er sich darum kümmern. Ich wollte keine kreischende Vettel werden, wie meiner Meinung nach meine Mutter eine gewesen ist.

Ich weiß nicht, ob das richtig war. Heute frage ich mich, ob ich es als Symptom, als ein Zeichen für Jims gespaltenes Wesen hätte sehen und ihm mehr gegen die Mächte des Chaos hätte beistehen sollten.

Gott, ich wollte, ich wäre klüger gewesen.

Kapitel 5

Neuorientierung

Wir tun, was wir können, um uns neu zu orientieren. Und machen Sie sich nichts vor: Wenn Sie einen geliebten Menschen durch Selbstmord verloren haben, *müssen* Sie sich neu orientieren. Ein Loch im Kopf ist, gelinde gesagt, ein leichter Schock.

Ich kehrte am Donnerstag vor Thanksgiving nach Clear Lake zurück. Da das Büro donnerstags und freitags geschlossen war, dachte ich, es wäre ein guter Zeitpunkt, ihm einen Besuch abzustatten. Ich wollte in dieser Umgebung allein sein und alles mir mögliche unternehmen, um mit der Neuorientierung zu beginnen. Im Büro angekommen, saß ich eine Weile an meinem Schreibtisch und sah die Papiere und Briefe durch. Einer meiner Mitarbeiter hatte eine Broschüre über die Nachwirkungen eines Selbstmords dort hingelegt. Ich las sie mit großem Interesse und war ein wenig getröstet, weil sie aus ungewöhnlichen Reaktionen normale machte und mich somit »ent-ver-rückte«. Dann stand ich auf und ging in die anderen Büros. Ich berührte nichts, sagte nichts. Ich stand einfach nur in jedem Zimmer und kam im Geiste zu der Person zurück, die darin arbeitete. Ich stellte mir jeden einzelnen von ihnen vor – wie er nicht auf meine Tragödie reagiert, sondern einfach seine Arbeit macht, mit mir über Fälle spricht, fragt und antwortet. Ich weiß nicht, weshalb das so wichtig für mich war. Ich schätze, ich habe nur versucht, die Dinge wieder zu normalisieren. Jetzt befand ich mich in *dieser* Welt, *dieser* Zeit. Nicht in der Welt des Schmerzes, des Verlustes, die mir den Atem nahmen, wenn ich versuchte, mich zu kämmen oder meine Katze zu füttern. Das hier war meine Arbeitswelt. Der Ort, an dem ich genau wußte, was zu tun ist.

Irgendwie wußte auch Ken, mein Vorgesetzter, daß ich eine Neuorientierung brauchte – eine Möglichkeit, ein wenig durchs Wasser zu waten, da die gelähmten Muskeln nicht mehr wußten, wie man schwamm. Er lud uns alle für den kommenden Sonntag zu sich nach Hause ein, zu einer Art »Shiva Sitzen«, jenem Ritual des Gedenkens der Verstorbenen und der niedrigen Erwartungen der Hinterbliebenen, wodurch einem das Judentum manchmal menschlicher vorkommt als das Christentum. Er vermittelte mir die deutliche Botschaft, daß sie alles tun würden, was ich verlangte. Und ich beschloß, ein paar Gedichte und ein Prosastück auszuwählen und jeden meiner Freunde eines vortragen zu lassen. Drei Gedichte stammten von Walt Whitman: »There Was a Child Want Forth«, »Who Learns My Lessons Complete?« und »Assurances«. Ich möchte sie Ihnen ans Herz legen. Das Prosastück stammt aus Mark Twains »Letters from the Earth«. Es ist eine sehr lustige Satire über das Konzept des Himmels (unter anderem). Auch diese Erzählung kann ich Ihnen empfehlen. Falls das Buch Sie schockieren sollte, waren Sie überreif dafür. Aber seien Sie guter Dinge. Wie schrieb Freud: »Die besten Witze dienen als Hülle für Gedanken von größtem Gehalt.«* (Übrigens war Freud ein großer Fan von Mark Twain.) Es zeigt auf zwingende Weise, daß alles, was

---

* Sigmund Freud (1960). *Jokes and Their Relation to the Unconscious.* New York: Norton.

man jemals gekannt hat, irrational ist, man jedoch als Kind ermutigt/aufgefordert wurde, das Ganze zu schlucken. Man fühlt sich auf festerem Boden, wenn Mark Twain die eigene Erfahrung bestätigt und schreibt, daß es gut sei, das Gehirn zu benutzen, wenn man über spirituelle Dinge nachdenkt.

Ich sagte, ich hätte diese Stücke für meine Freunde ausgesucht, damit diese sie vorlesen, so, als hätte ich das Ganze geplant. So war es nicht. Ich nahm die Stücke, weil ich dachte, sie könnten das sein, was ich wollte. Aber mir war bewußt, daß sich das, was ich wollte, von einem Augenblick zum anderen ändern konnte. Und wenn etwas meine Gedanken charakterisierte, dann war es ihre Zerstreutheit. Stellen Sie sich jemanden vor, der durch ein Zimmer wandert; erst diesen Gegenstand aufnimmt, dann jenen; ihn einige Schritte lang herumträgt, sich umdreht, ihn zurücklegt; zögert, weitergeht, wieder zurückgeht – dann haben Sie ein Bild davon, wie mein Verstand arbeitete: mit Verlaub gesagt, nicht sehr effizient.

Ich bin gewohnt, scharfsinnig zu sein und blitzartige Einsichten zu haben. Manchmal verwirre ich die Menschen, weil ich Feinheiten so schnell begreife. Es ist zersetzend, diese Schärfe zu verlieren. Man stellt sich dann die Frage, wer man ist oder ob man jemals wieder so wie früher wird. Es ist ein weiterer Schlag in einer Zeit, in der man noch unter den Folgen eines technischen K. o.s schwankt. Und im allgemeinen habe ich sehr wenig Geduld mit mir. Wie Sie sich vielleicht vorstellen können, war ich nicht sehr geduldig mit mir, als ich merkte, daß mein Gehirn arbeitete, als hätte man es in Sirup getaucht.

Und ich war sehr, sehr verletzt. Bevor ich wieder zu arbeiten begann, schrieb ich in mein Tagebuch: »Ich sage mir immer wieder, daß ich jeden Impuls beobachten, jedes Wort abwägen muß. In gewisser Hinsicht tue ich das. Aber wenn ich normal funktioniere, dann ist es oft nur ein augenblicklicher

Vorgang. Mir ist bewußt, daß ich nicht darauf bauen kann, jetzt, wo ich wieder hier bin. Gott, ich möchte meine Patienten nicht schädigen, sie nicht mit meiner Abwehr, meiner Trauer anstecken.«

Die Abwehr entsprang der Sorge, daß meine Kollegen mich falsch einschätzen würden – wie konnte eine glaubwürdige Psychiaterin einen Sohn haben, der Selbstmord begangen hat? Aber mir war noch genügend Vernunft geblieben, um zu erkennen, daß sie meine Kompetenz sehr wahrscheinlich auf der Grundlage *ihrer* Interaktionen mit mir beurteilen würden statt nach einem komplizierten Vorfall, über den sie nur wenig wußten. Ich erwartete und bekam mehr Verständnis und Toleranz, als sie, glaube ich, der »Durchschnitts«–Hinterbliebene bekommt. Und manchmal gab es Zeiten, in denen ich stark dazu neigte, darum zu bitten. In der Klinik arbeiteten zwei Menschen, an die ich mich besonders anlehnte. Ich tat es nicht oft. Aber wenn die Grenze des Erträglichen erreicht war, wußte ich, daß ich zu einem von beiden gehen und ihm sagen konnte, was immer mir durch den Kopf ging, ohne mir darüber Sorgen machen zu müssen, wie es sich anhörte. Ich erinnere mich nicht mehr an ihre Antworten. Ich weiß nur, daß sie ihren Glauben kundtaten, daß ich mich bemerkenswert gut hielt. Mit jeder Interaktion sagten sie mir: »Weiter so, Sue!«

Ich beschloß, eine ausgewählte Gruppe langjähriger Freunde schriftlich zu benachrichtigen. Ich kann Ihnen nicht sagen, nach welchen Kriterien ich vorging. Ich weiß nur, daß die Liste sich wie von selbst schrieb und daß jeder, der darauf stand, wegen miteinander geteilter Gefühle, Erfahrungen oder Philosophien, wichtig für mich war. Der Brieftext lautete:

Am Freitag, den 16. November, um zwei Uhr nachts, nahm sich mein Sohn Jim das Leben. Er hat über ein Jahr lang unter körperlichen und seelischen Schmerzen gelitten, und ich versuche mich mit dem Gedanken zu trösten, daß seine Qual ein Ende hat.

Ich schreibe diesen Brief an jene Freunde, von denen ich möchte, daß sie Bescheid wissen, oder die Bescheid wissen müssen. Bitte ruft mich nicht an, um Euer Mitgefühl oder Eure Sorge auszudrücken – ich weiß, daß beides vorhanden ist. Aber meine Selbstbeherrschung ist sehr zerbrechlich und sehr wichtig für mich. Wenn Ihr seinem Gedenken einen Tribut zollen möchtet, dann überweist ihn an die Compassionate Friends, eine Organisation für hinterbliebene Eltern.

Diesem Brief liegt ein Gedicht bei, das ich schrieb, um meine Trauer auszudrücken. Es wurde bei der Beerdigungsfeier vorgelesen. Bitte nehmt es als Andenken an ihn.

Ich begrüße Eure Briefe und werde sie beantworten, wann und wie ich kann. Habt jetzt bitte nicht das Gefühl, als ob Ihr tiefschürfend oder vorsichtig sein müßtet – seid einfach der Freund, der Ihr früher wart.

Die Reaktionen darauf waren warmherzig und liebevoll. Zu meiner Überraschung erreichte die Nachricht auch andere Menschen, die mich kannten. Und sie reagierten. Manchmal sagen Menschen Dinge, die sich anfangs dumm oder egozentrisch anhören: wie jene Frau, die immer wieder von ihren frustrierenden Bemühungen sprach, ein Kind zu adoptieren. Aber ich konnte das Gold im Sand erkennen und ihr schreiben, ich danke ihr dafür, mich daran erinnert zu haben, daß ich an erster Stelle mit einem Kind gesegnet wurde und daß mein Verlust niemals völlig das Gute auslöschen konnte, das ich erfahren hatte. Ich habe mir diese Interpretation nicht aus den Fingern gesogen – ich weiß, daß die Briefschreiberin es so gemeint hat; daß es das war, was ihr Herz meinem Herzen zu sagen versuchte.

Viele Botschaften sind so. Ich möchte jeden Hinterbliebenen ermutigen, sich der Mühe zu unterziehen, zwischen den Zeilen armseliger Beileidsbezeugungen zu lesen. Wir müssen erkennen, daß nicht jeder mit Mitgefühl gesegnet ist; daß die Fähigkeit, sich nicht nur in den anderen hineinzuversetzen, sondern auch die passenden beruhigenden und heilenden Worte zu finden, auf einer Skala liegt, die vom Tölpel bis zum Genie reicht. Verurteilen Sie niemanden wegen seines Platzes auf dieser Skala. Merken Sie sich nur die Stelle, an der er steht, und würdigen Sie seinen Versuch, wenn er sich auf einem der untersten Plätze befindet.

Ungefähr um diese Zeit entdeckte ich die Zauberworte »Nein, das kann ich noch nicht machen«. Klingt einfach, nicht wahr? Ist es aber nicht, wenn man sich immer nur angetrieben, stets die Last der Welt auf sich genommen und immer geglaubt hat, daß man alles zusammenhalten muß. Ich funktionierte nicht nur; nein, ich funktionierte mehr als hundertprozentig, wie es für mich typisch war. So funktioniere ich selbst heute noch oft. Aber ich erinnere mich dann an die Zauberworte und sage, wenn die Dinge mir über den Kopf wachsen und es nicht genug Sue Chance gibt, um damit fertig zu werden:

»Nein, das kann ich noch nicht machen.«

Das soll nicht heißen, daß Sie es niemals können werden. Das soll nicht heißen, daß Ihnen die Anfrage dumm oder unvernünftig vorkommt. Das heißt auch nicht, daß Sie niemals mehr gefragt werden wollen. Und es bedeutet auch nicht, daß Sie den Fragesteller nicht schätzen. Sie können es einfach nur im Augenblick nicht machen. Und ich garantiere Ihnen: Je tüchtiger Sie sind, desto öfter werden Sie es sagen müssen. Man wird von Ihnen erwarten, daß Sie alles tun, weil Sie bekannt dafür sind, daß Sie die Sache schaukeln.

Sie müssen verstehen, daß Sie, wenn Sie Ihrem Wesen nach

ein Held sind – jemand, der sich so verhält, als würden Kugeln von ihm abprallen –, meistens damit weitermachen werden. Der Preis, den man dafür zahlt, ist in meinem Tagebucheintrag vom 27. November 1984 beschrieben:

Ich habe es kaum durch die Tür geschafft. Ich dachte wirklich, ich schaffe es nicht, seit ich im Wagen zu weinen angefangen habe. Ich ging ins Haus, streichelte die Katze, ging nach oben, um mich umzuziehen, als ich, noch mit einem Fuß in der Trainingshose, zu weinen anfing, aufs Bett fiel und mich wie ein Embryo zusammenrollte.

Ich konnte nur noch denken: »Wenn du im Leben ein *richtiger* Versager sein willst, dann muß dein Kind Selbstmord begehen.« Es ist schon schlimm genug, ein Kind zu verlieren. Und mein Herz empfindet Mitleid mit den anderen hinterbliebenen Eltern. Aber das Schuldgefühl, das man hat, weil man nicht »rechtzeitig« mit ihnen zu einem Arzt gegangen ist; das Schuldgefühl, weil man sie nicht vor Krebs oder betrunkenen Autofahrern oder was auch immer schützen konnte, kann nicht so elementar und seelenabtötend sein wie das Wissen darum, daß sie das Leben, das man ihnen schenkte, nicht ertragen konnten.

Einige meiner Freunde haben die Vorstellung von einer der wichtigsten Lebensaufgaben der Älteren in der Frage zusammengefaßt: »Ist meine Liebe kreativ oder zerstörerisch?« Die unentrinnbare Schlußfolgerung ist, daß meine Liebe zerstört. Alle anderen »Beweise« für das Gute, das ich tue, werden von Jims Tod überschattet. Er scheint in diesem Augenblick schrecklicher Verzweiflung alle anderen Erwägungen auszulöschen und mich für ein vergeudetes Leben schuldig zu sprechen.

In Augenblicken wie diesem scheint alles über einem zusammenzubrechen, scheint auf einmal zu viel Welt dazusein. In solchen Momenten droht auch die eigene Kerze auszugehen, und man denkt über die Wahl nach, die der geliebte Mensch getroffen hat. Man schreit laut (oder im Geiste): »Ich kann das nicht ertragen! Ich kann das nicht ertragen!« Und es kommt einem so wahr vor.

Sie werden sich jetzt fragen, weshalb ich nicht ausgestiegen bin. Weil ich wußte, daß ich es ertragen *konnte*. Ich habe schon andere scheinbar unerträgliche Dinge ertragen. Weil ich bereits früher im Stich gelassen und zurückgewiesen wurde und weiß (wenigstens vom Verstand her), daß ein solcher Verrat hauptsächlich mit dem Verräter und faktisch nichts mit dem Opfer zu tun hat. Verräter kann man verstehen, man kann sich sogar in sie hineinversetzen, aber sie bleiben Verräter. Und das ist gut so.

Wir neigen dazu, den Selbstmord zu idealisieren, besonders, wenn er von unserem Kind begangen wird. Wir konzentrieren uns auf seinen Schmerz; wir reagieren auf den dem Selbstmord innewohnenden Vorwurf; auf die Botschaft, daß *wir* versagt, daß eigentlich wir unser Kind umgebracht haben. Ich glaube, das kommt deutlich in dem zuvor zitierten Abschnitt zum Ausdruck. Aber in Wirklichkeit, meine Freunde, tötet unser Kind *uns*. Wir sind die Opfer – und wenn man von jemandem gequält wird, der den gleichen Werten, dem gleichen System, der gleichen Familie angehört, dann wurde man verraten.

Jim hat mich verraten. Er hat jeden verraten, der ihn liebte. Mit seiner Tat wies er beides zurück: die Welt, die wir gewählt haben, und denjenigen, der uns gewählt hat. Eines der griechischen Worte für Selbstmord lautet *haireo thanaton*, das heißt »den Tod ergreifen«. Für was immer der Selbstmord auch stehen mag – und es gibt Möglichkeiten, ihn von der

Vernunft her zu verstehen –, er verletzt die grundlegende Prämisse, daß das Leben dem Tod vorzuziehen ist. Das müssen wir nicht glauben, sondern wir haben die Pflicht, es einander zu bestätigen, indem wir den Kampf nicht aufgeben.

Ich ärgere mich maßlos über Menschen, die von einem »erfolgreichen« Selbstmord sprechen. Das ist keine reine Gedankenlosigkeit mehr, sondern es grenzt an pure Dummheit. Einen Monat nach Jims Tod hörte ich, wie ein Notfall-Arzt eine Reihe kritischer Schußwunden und Überdosen als »erfolglose« Selbstmordversuche bezeichnete. Als er andeutete, daß Menschen, die sich umbringen wollen, es »richtig« machen sollten, wußte er nicht, daß ich meinen Sohn durch Selbstmord verloren hatte. Ich versuchte darauf hinzuweisen, daß jemand, der einen Selbstmordversuch unternimmt, wenn Hilfe nicht weit ist, es *richtig* macht, da er ja noch unentschlossen ist. Selbstmörder springen nicht mit beiden Füßen in den Tod, sondern stehen mit je einem Bein in beiden Lagern. Das ist normal.

Aber ich merkte, daß er keine Lust hatte, mir zuzuhören. Er bedachte mich mit einem jener Blicke, die besagten: »O Gott, stimmt ja. Ich habe ganz vergessen, daß sie eine von diesen Seelenklempnern mit blutendem Herzen ist.« Nun, er hatte nicht ganz unrecht. Mein Herz blutete. Aber es war immer noch intakt genug, daß ich mich fürchterlich über ihn ärgerte und mein Verstand zwei sarkastische Gedanken hervorbringen konnte. Der erste war: »Mein Sohn würde von ihm einen Anerkennungsstempel bekommen«; der zweite war die Erinnerung an die Aufforderung, »keine Perlen vor die Säue zu werfen«. Es braucht Energie, die Unwissenden zu belehren. Ich war erschöpft. Mir fehlte sogar die Kraft, ihn in Verlegenheit zu bringen.

Ich rege mich auch fürchterlich über Menschen auf, die sagen, sie hätten nicht den »Mut«, Selbstmord zu begehen. Um den

Selbstmord eines geliebten Menschen zu überleben, muß man sich endgültig klarmachen, daß Selbstmord fast immer ein Akt der Feigheit ist. Wir sprechen vom Höhepunkt, vom Augenblick der Selbstzerstörung, von dem Moment, wo der Abzug gedrückt, vom Stuhl gesprungen wird oder die Pillen heruntergespült werden, als handle es sich dabei um einen eindeutigen Willensakt. Dadurch verlieren wir die Tatsache aus den Augen, daß der Selbstmord ein völliges *Versagen* des Willens darstellt.

Des Willens, weiterzumachen. Des Willens, es zu versuchen. Des Willens, das Beste aus dem zu machen, was einem mitgegeben wurde.

Mehr noch als über meine unvermeidlichen Fehler als Mutter schäme ich mich dafür, daß mein Sohn ein Feigling war.

Kapitel 6

Überleben

Wie bereits gesagt, kam Thanksgiving, obwohl ich nicht dankbar war. Ich muß dafür zwar ein wenig in der Geschichte zurückgehen, aber ich möchte Ihnen trotzdem sagen, was ich an diesem Feiertag des Jahres 1984 in mein Tagebuch geschrieben habe:

Ich machte (ich habe mich verschrieben)
Ich wachte heute morgen auf und weinte – wie jeden Morgen. Aber an diesem Morgen dauerte es einige Minuten, bis die Tränen kamen; Minuten, in denen ich überrascht dachte: »Ich weine noch nicht. Ich bin gespannt, ob ich heute noch weinen werde.« Ich war neugierig.
Dann dachte ich wieder über die Sündenlitanei und die Versäumnisse ihm gegenüber nach – daran, wie recht er hätte, mir die Schuld daran zu geben. Ich fragte mich, ob er es in den letzten quälenden Augenblicken getan hat.
Und dann erinnerte ich mich daran, wie ich das letzte Mal mit Selbstmordgedanken gespielt hatte. Nicht das erste und vielleicht auch nicht das letzte Mal. Damals, vor neun Jahren, als mein Elan oder Wille, oder wie immer Sie es auch nennen wollen, erschöpft war und ich ebenfalls.
Ich erinnerte mich, wie ich meinen Selbstmord bis in alle Ein-

zelheiten plante, um sicherzugehen, daß ich sterben würde. Im Geiste schrieb ich Briefe an die beiden Menschen, die ich liebte.

Der entscheidende Punkt ist, daß ich niemandem außer mir selbst die Schuld gab. Es war keine Vergebung – die anderen waren nur unerheblich. Ich wollte einfach nur aufhören zu sein. Ich wollte mich auslöschen. Ich wünschte, niemals geboren worden zu sein. Ich betrachtete mein vergangenes Leben und sah nur *meine* Fehler. Und ich sagte mir, daß Liebe eine Illusion sei oder daß ich sie, falls es sie gab, nicht finden oder, wenn ich sie fand, etwas Böses in meinem Inneren dafür sorgen würde, daß ich sie nicht halten konnte.

Ich sprach mit meinen Freunden. Vor allem mit Tom. Ich sprach mit meiner Familie, meistens mit Jim und Peggy. Doch ich ließ nichts über meine Selbstmordabsichten verlauten. Ich sagte, ich sei »niedergeschlagen«. Ich sagte, ich sei »deprimiert«. Ich führte immer wieder die Kränkungen auf, die andere mir beigebracht hatten, in endlosen Details. Aber das wirkliche Gefühl war Selbstekel, keine Schuldzuweisung. Ich wußte, daß viele Menschen »für mich da waren«; daß ich nur zu fragen brauchte, und sie würden mich in ihre Arme nehmen und mich vor mir selbst retten.

Aber ich habe sie nicht gefragt. Wenigsten nicht bewußt, obwohl ich vermute, daß Tom etwas gemerkt hat. Möglicherweise hat er mich vom Klippenrand fortgezerrt, indem er mir sagte, wie großartig es sei, daß ich all dies *verstünde*, aber was ich denn damit anfangen wolle? Das gab mir den Kick, den ich brauchte, um Hilfe zu holen. Trotzdem glaube ich, daß ich nur deshalb vom Rand zurückgetreten bin, weil ein Teil von mir nicht springen wollte.

Meine »Bremsen« waren Jim und Peggy – wenigstens kam es mir so vor. Ich habe mir ihre schmerzverzerrten Gesichter, ihre Selbstbeschuldigungen vorgestellt und konnte es nicht ertragen. Das Schuldgefühl, das ich bei dem Gedanken empfand, ihnen das anzutun, wog schwerer als der Wunsch, mich auszulöschen.

Was mich zu dem Schluß kommen ließ, daß es so etwas wie Liebe geben mußte. Ich liebe, also gibt es Liebe. Und wenn ich fähig war, sie zu lieben, dann konnte das Leben ertragen werden – selbst wenn ich niemanden sonst hatte.

Mir ist erst jetzt bewußt geworden, wieviel von mir immer leben wollte. Vielleicht habe ich meine Arbeit nur deshalb gefunden und mich an ihr festgehalten, weil ein Teil von mir mich liebt. Und vielleicht gibt es diesen Teil für jeden von uns, auch in meinem Jim. Doch man hält ihn entweder fest oder läßt ihn los – das entscheidet sich manchmal im Bruchteil einer Sekunde. Ich glaube, deshalb hat er sich für seine Methode entschieden. Ein Teil von ihm wußte, daß er leben wollte, daß er zu leben verdiente. Doch ein anderer Teil glaubte das Gegenteil, und er wollte, daß diese Seite stärker war.

Er schrieb: »Ich muß den Mut haben, jene zu schützen, die ich liebe«, und hinterließ uns ein paar Hintertürchen, um diesen Satz zu interpretieren. Ich glaube, es soll heißen, daß er uns alle, vor allem mich, vor der Schlechtigkeit in seinem Innern schützen wollte. Unglücklicherweise war diese Schlechtigkeit, wie *meine*, nur illusorisch. Ein verschwindend geringer Prozentsatz.

Das hört sich an, als hätte ich das alles begriffen, Oder? Aber ich habe gar nichts verstanden, glauben Sie mir. Ich pflege nur, wie bereits gesagt, mehr als hundertprozentig zu funktionieren. Mein ganzes Leben lang habe ich den Eindruck erweckt, Dingen gegenüber selbstsicher und unempfindlich zu sein, die normale Sterbliche in die Knie zwingen. Wie ein Freund immer sagt, bilde ich mir ein, Superwoman zu sein. Ich hatte die Symptome jener drei großen typischen Plagen, die Hinterbliebene heimsuchen: Depression (unter der die Hälfte oder mehr von uns leidet); posttraumatische Streßstörung und psychosomatische Krankheit. Für mich bestand die psychosomatische Komponente (die, wenn ich Sie daran erinnern darf, nicht im Kopf sitzt, sondern durch den Kopf oder durch ein vom Kummer beeinträchtigtes Immunsystem hervorgerufen wird) in einer plötzlichen Verschlimmerung meiner chronischen Rückenschmerzen. Im Januar 1983 mußte ich wegen einer gebrochenen Lendenplatte eine Woche lang flach auf dem Rücken liegen. Ich nahm Muskelentspannungs- und Anti-Entzündungsmittel, um ein Myeogramm (Röntgenaufnahmen, bei dem eine Rückenmarkpunktion gemacht werden muß) und eine etwaige Folgeoperation zu vermeiden. Die herkömmliche Behandlungsmethode hat mehr oder weniger funktioniert – mehr, weil ich die eben beschriebenen Folgen vermeiden konnte; weniger, weil ich in den darauffolgenden Jahren keine wache Minute ohne Schmerzen im unteren Rücken mehr hatte. Das war auch der Fall, als Jim starb. Damals erreichten die Schmerzen ihren Höhepunkt.

Ich weiß nicht, ob dies für Sie einen Sinn ergibt, aber für mich war es okay. Das rührt teilweise von einem masochistischen Bedürfnis zu leiden her; doch ein anderer Teil war jene Bestätigung, die ich spürte, weil ich etwas ertrug, was Jim als unerträglich empfunden hatte. Ich mußte mich meiner eigenen Stärke versichern, und die Rückenschmerzen erfüllten diese Funktion auf beispielhafte Weise.

Mir war bewußt, daß meine depressiven Symptome, wie Verwirrung, Müdigkeit, häufiges Weinen, gestörter Schlaf und Appetitlosigkeit, bei schwerem Leid so normal sind, daß sie nicht als »pathologisch« bezeichnet werden. Man braucht deswegen auch keine Antidepressiva einzunehmen. Neben diesen Symptomen litt ich unter starken Minderwertigkeitsgefühlen. Doch da mir klar war, daß sie sich in Luft auflösen würden, sobald es mir besserging, machte ich mir deswegen keine großen Sorgen.

Nachdem ich darüber nachgedacht hatte, kam ich zu dem Schluß, daß ich Schlaf brauchte, wenn ich weiterhin funktionieren wollte (was mein Wunsch war). Und wenn ich schlafen wollte, müßte ich ein Schlafmittel nehmen. Da ich die Grenzen in der Anwendung und Risiken dieser Mittel kenne, beschloß ich, einen Monat lang ein Schlafmittel zu nehmen und es dann abzusetzen, selbst wenn das bedeutete, daß ich ein paar Nächte lang wegen der »Nachhol«-Träume, die es wahrscheinlich auslösen würde, nicht gut würde schlafen können. Ich ging *methodisch* vor. Ich traf ein Abkommen mit mir und hielt mich daran. Der Grund ist sehr einfach. Ich weiß, daß Drogenabhängigkeit (dabei ist es ganz gleich, ob sie von verschriebenen Medikamenten, Straßendrogen oder Alkohol herrührt) nur eine andere Art von Selbstmord ist. Er ist nur langsamer und nicht so sicher wie Jims Methode. Fachleute, die sich mit dem Thema Selbstmord beschäftigen, bezeichnen es als »Para-Selbstmord«. Das heißt, daß der Selbstmord schon vor der Tür steht und wartet. Mir war klar, daß ich in dieser Statistik nicht auftauchen wollte. Bei den Hinterbliebenen eines Selbstmörders besteht eine um 80 bis 300 Prozent größere Selbstmord-Wahrscheinlichkeit. Und über ein Drittel der Familien haben mehr als einen Selbstmörder in ihren Reihen.* Ich hatte zwar nicht vor, aufs Ganze zu gehen, aber ich wollte auch keine halben Sachen machen. Wie ich bereits sagte, hatte mein Sohn diese »Wenn schon, dann richtig«-Ader von mir. In seinem Fall war sie ein Fluch gewesen, in meinem ein Segen.

Ich erwähnte den Begriff posttraumatische Störung. Dabei

---

* Christopher Lukas und Henry M. Seiden (1987). *Silent Grief: Living in the Wake of Suicide.* New York: Scribners.

handelt es sich um einen Symptomkomplex, der meistens mit Vietnam-Veteranen in Verbindung gebracht wird. Aber er ist natürlich nicht auf sie beschränkt. Ich habe ihn bei Überlebenden eines Autounfalls gesehen, bei Inzest- und Selbstmordüberlebenden – und bei mir selbst. Das Szenario ist folgendes: Eine Katastrophe findet statt, die Folgen prasseln über Jahre hinweg auf einen nieder und schwächen die Fähigkeit des Hinterbliebenen, ganz im Hier und Jetzt zu sein. In meinem Beruf (und in den Medien) neigt man dazu, sich auf die spektakulären Symptome wie Alpträume, Flashbacks oder die Vermeidung all jener Dinge, die den Menschen an das/die auslösenden Ereignis(se) erinnern, zu konzentrieren. Doch die gleiche Verwüstung kann ein Abstumpfungsprozeß anrichten, bei dem Teile des Selbst abgeschaltet werden, um die Opfer zu schützen. Der Mensch kann zu einer Art emotionalem Zombie werden oder das verrückte Gefühl haben, nicht mehr zu wissen, wer er ist. »Was halten Sie davon?« wird zu einer schwerwiegenden Frage. Eine Frau aus unserem Kulturkreis wird normalerweise verblüfft wirken und versuchen, die Antwort zu geben, die der Fragesteller ihrer Meinung nach hören möchte. Ein Amerikaner wird gewöhnlich kühl darauf reagieren und erwidern: »Ich habe mir darüber noch keine Gedanken gemacht« oder einfach nur mit den Schultern zucken.

Ich nahm den Mittelweg. Ich hatte Alpträume. Ich kann noch immer nicht zusehen, wie sich jemand erschießt (in einem Film), und habe beharrlich versucht, in mich selbst hineinzugelangen, um die Wände niederreißen zu können, die ich um einige meiner schmerzlichsten Gefühle errichtet habe. Weil ich wußte, daß ich diese Gefühle brauche. Sie sind Teil des Ganzen. Ohne sie bin ich nicht ich selbst.

Aber es gab Zeiten, da bedeuteten diese Mauern, daß ich die Fragen meiner Freunde nicht gewissenhaft beantworten konnte. Zeiten, in denen ich sagte: »Ja, ich fühle mich entsetzlich«, weil ich wußte, sie erwarteten, daß ich mich entsetzlich fühlte. Und da ich mich in dem Augenblick nicht entsetzlich fühlte, nahm ich an, daß ich mir selbst etwas vormachte. Manchmal konnte ich noch nicht einmal die Kraft aufbringen, nachzuprüfen, wie es mir ging, und ich murmelte nur: »Mir geht es gut«, um jede weitere Frage/Sorge von vornherein abzustellen.

Oder, um es Ihnen an einem anderen Beispiel deutlich zu machen: Jeden zweiten Tag kam eine Frau zu mir, die ständig lächelte. Ihr Leben ist das reinste Chaos, und sie hat nicht die geringste Ahnung, woran das liegt. Als ich sie fragte, mit welchem ihrer Probleme wir uns ihrer Meinung nach als erstes auseinandersetzen sollten, erwiderte sie: »Ich muß herausfinden, was Liebe ist und wie man wissen kann, wann es sich um die wahre Liebe handelt.« Ich möchte es nicht bagatellisieren, aber hierbei handelt es sich kaum um die richtige Problemlösung. Meiner Meinung nach steckt diese Frau bis zum Hals im Treibsand, und ich halte, weil ich weiß, daß es ein Notfall ist, verzweifelt nach einem Seil oder einem Ast Ausschau, nur um gesagt zu bekommen: »Vergessen Sie's. Es wäre besser, wenn Sie sich entspannen würden, damit wir einen kleinen Plausch über den Sinn des Lebens halten können.« Wenn ich diese Form von Verwirrtheit sehe (und es sich nicht um eine psychotische Persönlichkeit handelt), nehme ich eine posttraumatische Streßstörung an, bis das Gegenteil bewiesen ist.

An dem Zugang zu unseren Gefühlen zu arbeiten, ist eine andere Art, unsere Verbindung zum Leben auszudrücken. Es bedeutet, daß wir kein reduziertes Leben führen, nicht nur die »Bewegungen« machen wollen. Und wir geben uns auch nicht damit zufrieden, ewig in einer Ecke zu hocken. Vielleicht müssen wir es eine Zeitlang tun. Aber es kommt der Moment, in dem damit fortzufahren eine Art Tod darstellt.

Es gibt noch andere Möglichkeiten, unsere Hingabe an das Leben auszudrücken: allgemein übliche und einzigartige persönliche Möglichkeiten. Ungefähr drei Monate nach Jims Tod begann ich regelmäßig zu trainieren, wechselte meine Diät (mehr Fasern, weniger Fett) und wendete einige Selbsthypnosetechniken an, die ich vor Jahren erlernt hatte, um meinen Streßlevel zu senken. Diese Selbsthilfetechniken besaßen noch einen zusätzlichen Vorteil: Sie boten mir die Möglichkeit, mit mir ins »Gespräch« zu kommen.

Alle Entspannungstechniken gründen sich auf unser Wissen, daß wir uns manchmal wieder auffüllen müssen und daß es in jedem von uns eine beruhigende, beständige Macht gibt, die auf unserer Seite steht und uns ein Gefühl der Verbundenheit mit dem Universum vermittelt. Während ich in Trance bin, rufe ich etwas herbei, das als »innerer Führer« bezeichnet wird – eine Gestalt, welche die liebevollen und weisen Aspekte meiner selbst repräsentiert. Zweck der Übung ist, diese Dinge für mich verfügbarer zu machen; in einem gewissen Sinne mich selbst um Rat zu fragen (und wer kennt mich besser?); zu fragen, welchen Dingen ich mehr Aufmerksamkeit schenken soll oder wie ich etwas von einem anderen Standpunkt aus betrachten könnte.

Als ich mit dieser Übung anfing, beschwor ich eine an Merlin gemahnende Gestalt herauf, samt Bart und wallenden Gewändern. Sie war sehr eindrucksvoll. Dann zeigte sich wie aus heiterem Himmel Arnold Schwarzenegger. Ich war ein wenig verblüfft. Aber da ich an die Weisheit des Unterbewußtseins glaube, beließ ich es dabei. Ich kann Ihnen gar nicht sagen, was für gute Freunde wir wurden. Er ist gutmütig und freundlich; ein gradliniger Mensch, der mir selbst dann seinen Segen gibt, wenn ich mir am liebsten die Haare ausreißen würde. Aber, wie er es einmal ausdrückte: »Denk nur daran, daß es deinem Sohn nicht hilft.« Es ist gut, den Unterschied zwischen Buße und wirklicher Versöhnung zu kennen. (Kurz gesagt, man fühlt sich in beiden Fällen schuldig. Im ersteren unternimmt man etwas, um sich zu bestrafen. Im letzteren tut man etwas, um die Dinge, die falsch gelaufen sind, wieder in Ordnung zu bringen.) Ich glaube, ich habe Arnold Schwarzenegger heraufbeschworen, weil seine Muskeln jenes Prinzip veranschaulichen, daß Freundlichkeit, Humor und das Loslassen der Schuld Manifestationen der Stärke sind. Ich bin ihm sehr dankbar, daß er diese Begriffe so attraktiv umhüllt.

Schwarzenegger war nicht der einzige seltsame Ausdruck meiner Selbst-Fürsorge. Ein anderer war meine Zahnklammer. Zehn oder fünfzehn Jahre lang haben mir die Zahnärzte damit in den Ohren gelegen. Ihr Standardwitz war: »Sie haben wunderbare Zähne, Sue, aber ihr Zahnfleisch schwindet.« Mein Zahnfleisch war ständig entzündet, weil meine Zähne so krumm waren, daß ich die Nahrungsreste nicht aus den Lükken bekam. (Das stimmt nicht ganz. Ich hätte sie nach jedem Bissen mit Zahnseide reinigen können. Aber was soll's!) Ungefähr zu der Zeit, als ich meine anderen Schritte unternahm, gab ich auf und bat um eine Überweisung zu einem Kieferorthopäden, der auch Erwachsene behandelte. Bald schon saß ich im Wartezimmer, an der Schwelle zum dreiundvierzigsten Lebensjahr – nur ich und andere Pubertierende –, und mir schossen so seltsame Gedanken wie »Damit verpflichte ich mich, noch drei weitere Jahre zu leben« durch den Kopf. Wollen Sie wissen, weshalb ich das dachte? Es rührte von meiner Unfähigkeit her, mir vorzustellen, wie ich mit Zahnspangen unter der Erde liege. Ich weiß, wie seltsam sich das anhört. Aber was soll ich machen? Das habe ich nun mal gedacht.

Falls Sie die Tortur noch nicht durchgemacht haben, lassen

Sie mich Ihnen sagen: Zahnklammern sind schrecklich. Es ist, als hätte man einen Lieferwagen im Mund. Jedesmal, wenn sie reguliert werden müssen, hat man das Gefühl, als wäre man zu Brei geschlagen worden. Ich drohte meinem Kieferorthopäden immer damit, daß ich zurückkommen und mich an ihm rächen würde, falls sich meine Model-Karriere nicht auszahlen sollte. Er lachte darüber. Was natürlich für ihn einfach war. Aber das Ganze hatte auch für mich etwas Gutes. Es heiterte mich auf, andere Menschen aufzuheitern; was besonders im ersten Jahr der Fall war.

Schließlich nahm meine Energie zu, und mein Aussehen besserte sich. Dann kam der Tag – neun oder zehn Monate nach dem Tod meines Sohnes –, an dem ich mich wohl genug fühlte, um anderen zu »helfen«. Ich schrieb einen Artikel über das Überleben nach dem Selbstmord eines geliebten Menschen, der schließlich im *Bulletin of the Menninger Clinic* veröffentlicht wurde. Darin versuchte ich Therapeuten über jenen besonderen Typ von Hinterbliebenen aufzuklären, in der Hoffnung, daß sie durch ein besseres Verständnis Überlebenden besser helfen könnten.

Danach schaute ich mich um und fragte mich, was ich im Sinne von Jesajas Worten tun könne, um »ihnen Schönheit statt Asche zu schenken, das Öl der Freude statt Trauer«. Dabei kam mir die Idee, mit krebskranken Patienten zu arbeiten. Die Compassionate Friends, eine Selbsthilfegruppe für hinterbliebene Eltern, waren meinem Herzen zwar lieb, doch zu nahe. Ich hatte das Gefühl, daß ich, wenn ich effektiv sein wollte, ein wenig Distanz zwischen meinem Schmerz und dem Schmerz jener Menschen brauchte, denen ich helfen wollte.

Mich für Krebspatienten zu entscheiden, war nur logisch, da ich während meiner vierjährigen Assistentenzeit eine Zusatzausbildung in Hypnose und Geriatrie absolviert hatte. Meine

Arbeit mit älteren Menschen hatte mich einigermaßen mit Tod und Sterben versöhnt, und ich wußte auch, daß nichts im Leben »sicher« ist. Dazu kam noch, daß die Hypnosearbeit den Glauben in mir erweckte, daß unser Geisteszustand durch positive Suggestionen beeinflußt wird. Dies, in Verbindung mit der faszinierenden Arbeit mit Biofeedback und geführten Bildern (guided imagery) am Menninger, legte die Grundlage zu einer Methode, die auf dem Werk von Carl und Stephanie Simonton beruhte.

In ihrem Buch *Getting Well Again* beschreiben sie ein Selbstheilungsprogramm, in dem – man höre und staune – Wert auf Entspannung/mentale Bildersprache, Bewegung, Ernährung und eine Reihe mentaler Übungen gelegt wird. Durch dieses Programm sollen die Aspekte im Menschen, welche die Krankheit verewigen, zuerst erkannt und dann geändert werden. Es fällt mir selbst heute noch schwer, jenen Augenblick zu beschreiben, in dem ich erkannte, daß ich ihrem Programm gefolgt bin, ohne es zu kennen – daß mein innerer Arzt mir das gleiche verschrieben hat, was sie ihren Patienten empfehlen.

Das Simonton-Programm enthält eine Art praktisches Grundwissen. Aber ich möchte Ihnen gerne berichten, weshalb ich meiner Meinung nach darüber gestolpert bin. Ich glaube, es gibt eine Grundprämisse, nach der wir alle handeln; ob wir sie nun in Worte fassen oder nicht: Wir betrachten das Universum entweder als gütig oder feindselig. Alles, was wir tun, rührt von unserer Annahme her. Wenn Ihre Erwartungen auf dem Glauben beruhen, daß das Leben feindselig ist, werden Sie an jeder Ecke Unrecht und Mißerfolg sehen. Wenn wir jedoch auf die Güte des Universums vertrauen, werden wir den finstersten Mächten unseres Lebens mutig die Stirn bieten in dem Glauben, daß es in und um uns Kräfte gibt, die uns stets befähigen werden, das Leben nicht nur zu ertragen, sondern manchmal auch zu transzendieren. Diese Art Vertrauen wird in Guillaume Appollinaires Gedicht veranschaulicht:

> Kommt zum Rand
> Nein, wir werden fallen
>
> Kommt zum Rand
> Nein, wir werden fallen
>
> Sie kamen zum Rand
> er stieß sie, und sie flogen

Ich glaube, daß wir fliegen können – und daß es für die Seele weitaus »natürlicher« ist, sich emporzuschwingen, als sich selbst mit Sicherheit und Versicherungen gegen das Unglück am Boden zu halten. Und weil ich das glaube, tue ich mein Bestes, um eine geeignete Startbahn bereitzustellen. Das heißt, ich passe auf mich auf, auf meinen Körper und auf meine Seele. Und das Simonton-Programm ist eine übersichtlich aufgebaute und leichtverständliche Möglichkeit, genau dies zu tun.

Der Tenor all meiner Gespräche mit krebskranken Patienten (aber auch mit anderen Menschen, die ich erreichen möchte), lautet, daß Altruismus eine gute Möglichkeit darstellt, auf sich selbst aufzupassen. Altruismus ist ein Weg, den viele Hinterbliebene gehen; vielleicht der bevorzugte Weg all jener, die mit dem Gefühl großartigster Unversehrtheit überleben und wissen, daß – wie Rod McKuen es einmal ausdrückte – es »die größte Liebe ist, das, was man braucht, zu geben«.

Wir helfen uns, indem wir anderen helfen.

Kapitel 7

Woher Hilfe kommt

Ich war mit Sicherheit ein Hilfeempfänger. Ich habe in meinem Tagebuch zurückgeblättert und folgenden Eintrag vom 13. Dezember 1984 gefunden:

Gestern abend unterhielt ich mich mit einer Freundin. Wir haben uns vor ungefähr fünfzehn Jahren auf dem College kennengelernt, aber unser Kontakt ist, obwohl wir uns selten sehen, niemals oberflächlich. Sie kannte Jim, und sie kennt mich sehr gut. Also kam sie zu dem logischen Schluß, daß ich grob mit mir umgehe. Sie hatte bereits einen Flug gebucht, weil sie mit mir sprechen wollte. Doch da ich Schwierigkeiten mit dem Termin hatte und die Notwendigkeit nicht einsehen konnte, rief ich sie an, um mich mit ihr zu unterhalten.
Sie sagte mir Dinge, die ein Teil von mir weiß – der Teil, der mich schließlich heilen wird. Es waren Dinge, die mir bereits meine Familie gesagt hatte. Doch jetzt kamen sie von anderswoher und waren deshalb bedeutsam für mich. »Du hast dein Bestes getan.« »Du bist so verdammt nach innen gekehrt und stets bereit, die Schuld auf dich zu nehmen.« »Jeder konnte sehen, daß eure Beziehung etwas Besonderes war.« »Er war erwachsen – du hast das Beste gehofft, dein

74

Bestes getan, aber du kannst nicht das Leben deiner Kinder kontrollieren – es gehört dir nicht.«

Seltsamerweise hilft mir jenes Gefühl, etwas Besonderes zu sein, das mein Freundeskreis und meine Familie mir vermitteln, zusammen mit den Dingen, die sie sagen. Das gibt meiner Erfahrung eine gewisse Allgemeingültigkeit. Dieses Paradoxon treibt meine Arbeit an. Ich sage meinen Patienten entweder durch mein Verhalten oder verbal: »Sie sind einmalig. Sie sind etwas Besonderes. Niemand hat Ihr Leben gelebt, niemand hat genau das durchgemacht, was Sie durchgemacht haben. Aber Ihr Leid ist normal. Viele Menschen haben die gleichen Gefühle, die gleichen Probleme, die gleichen Krankheiten. Viele Menschen haben genau das gleiche zu sich gesagt wie Sie. Ich werde mein Bestes tun, um Sie zu verstehen. Ich schenke Ihnen den Vorteil meiner Ausbildung und meiner Erfahrung. Mich interessiert, was mit Ihnen geschehen wird, und ich werde weiter hoffen, wenn Sie die Hoffnung aufgegeben haben. Ich leihe Ihnen meine Stärke, meinen Humor, meine Ernsthaftigkeit, alles, was ich habe, solange es Ihnen *wirklich* hilft. Es gehört Ihnen.«

Das ist die unvollkommene Aussage eines unvollkommenen Menschen. Manchmal versage ich, manchmal bin ich abgelenkt, manchmal bin ich ungeduldig, manchmal schwäche ich Menschen mit meinem Mitleid, manchmal will ich zu vieles zu schnell wissen. Aber ich mache das Beste aus dem, was mir zur Verfügung steht, mit dem, was ich weiß. Und ich muß daran glauben, daß ich für meinen Jim nicht weniger getan habe.

Es folgen einige Eintragungen, die ich ungefähr zur gleichen Zeit machte:

15. 12. 84 Eine weitere Sache, für die ich dankbar sein sollte – falls es einen Atomkrieg gibt, habe ich nur noch wenig zu verlieren.

Wie alle großen Ereignisse im Leben ist auch dieses ein Meilenstein (oder meine ich Mühlstein?). Gestern waren es vier Wochen, morgen ist es einen Monat her.

Ich versuche herauszufinden, ob ich »besser« geworden bin, und bekomme zur Antwort: »Vielleicht etwas ruhiger.« Ich spürte diese verrückte Frau in mir. Das Bild einer Frau, allein mitten in der Prärie, abgerissen (nein, *zerrissen*, wie mein Leben) gekleidet, mit wirrem Haar, wie sie ohne Anmut weiterwankt, Gott, das Schicksal, ihre Eltern und sich selbst anbrüllt. Tränen, die nicht kommen wollen, was sie noch mehr ärgert.

Sie lebt immer noch in mir – sie nimmt nur etwas weniger Platz ein.

Tom möchte nach seinem Tod eingeäschert werden. Deshalb habe ich ihm und meiner Familie gesagt, daß ich neben Jim begraben werden will. Ich werde die Grabstelle kaufen. Es ist schon interessant, wie Jims Tod mir meinen eigenen vorstellbar macht.

Und ich weiß auch schon, was auf meinem Grabstein stehen wird. Jims Grabspruch lautet: »Geliebter Sohn.« Ich gab ihm seinen, und er gab mir meinen. Auf meinem Grabstein wird stehen: »Jims gerade noch gute Mutter.«

Ich kann mich nicht mehr an das Jahr erinnern, aber ich glaube, er war damals so zwischen elf und vierzehn Jahre alt. Es war Muttertag, und er schenkte mir eine Plastikstatue: eine schlechtgekleidete, kleine, freundliche Frau, die aussieht, als wühle sie in einem Haufen Kekse. Auf der Vorderseite der Statue steht: »Die beste Mutter der Welt.«

Ich war sehr zufrieden und geschmeichelt, drehte mich um und fragte ihn: »Eh, Jim, glaubst du das wirklich?«

Er blinzelte, grinste, zuckte mit den Schultern und erwiderte: »Nee. Sie hatten nur keine mit der Aufschrift: ›Die gerade noch gute Mutter der Welt‹.«

Weshalb sollte ich meinem Sohn nicht glauben? Sein Tod war seine Entscheidung und nicht zwangsläufig ein Vorwurf. Er sagte mir auf so viele Arten und so oft, daß ich eine fast gute Mutter sei. Er hat mich richtig eingeschätzt und mich immer mit größerer Nachsicht beurteilt als ich mich selbst. Vielleicht ist es der Gipfel der Eitelkeit, mich an mein Schuldgefühl zu klammern. Möglicherweise bemächtige ich mich damit seiner Autorität und beraube ihn seiner Würde und Bedeutung.

Ich weiß nicht, weshalb er gestorben ist. Aber ich weiß auch nicht, weshalb er lebte.

Ich bin nur froh, daß er lebte.

Ich denke an jene Gestalt bei Tennessee Williams, die sagt: »Ich bin von der Freundlichkeit Fremder abhängig.« Ich glaube, ich vertrete einen anderen Standpunkt. Für mich sind freundliche Menschen keine Fremden mehr.

So viele Menschen sind freundlich zu mir – zu so vielen bin ich freundlich –, so viele wissen von nichts.

Meine Patienten waren freundlich zu mir. Vielleicht haben sie etwas gespürt. Ich habe weitergemacht wie bisher, habe oft das gleiche wie früher gesagt. Aber sie schienen leiser zu sprechen, aufrichtiger zu sein, einen größeren Teil dazu beizutragen, die Geheimnisse zu entwirren, die ihr Leben ausmachen.

Ich wage nicht zu behaupten, daß ich eine bessere Therapeutin geworden bin. Es scheint so zu sein, aber ich kann es nicht beurteilen.

Es fällt mir schwer, zu sagen, was mir meine Arbeit heute bedeutet. Meine Mutter sagte: »Sie lenkt dich ab«, und ich erwiderte: »Nein. Wenn überhaupt, dann konzentriert sie mein Denken auf Jim.« Dennoch bin ich mir bewußt, daß meine

Rolle es mir leichter macht. Meine Patienten wissen nicht um meinen Verlust. Für sie bin ich nicht die trauernde Mutter, sondern die Ärztin. Ihre Erwartungen lassen mich weniger schwanken. Aber ich bin immer ich selbst, bin niemals nur meine Rolle gewesen.

Sind Sie jemals mit Kopfschmerzen, aber ohne Aspirin, an einem belebten Ort gewesen? Sie schauten sich um, bis Sie eine Frau entdeckten, die so aussah – Sie brauchten sie nur anzuschauen, dann wußten Sie es –, als ob sie Aspirin in der Handtasche hätte und Ihnen ein paar geben würde, wenn Sie sie darum bäten. Nun, diese Dame mit dem Aspirin war ich. Ich mache schon Witze darüber, wie oft mir so etwas passiert war, und darüber, daß ich – natürlich – das Aspirin hatte und es ihnen – natürlich – gab.

Ich habe auch Witze darüber gemacht, daß ich zur Seelenklempnerin außergewöhnlich qualifiziert sei, da ich jedes einzelne Problem gehabt habe, weswegen man mich konsultieren könnte. Nun, das ist vielleicht ein wenig übertrieben, aber ich hatte genug Probleme, um ein gewisses Bewältigungsgeschick zu entwickeln.

Aber es macht mich immer noch wütend, wenn ich die alte Leier über jene Psychiater oder Psychologen höre, die »versuchen, ihre eigenen Probleme mit Hilfe ihrer Patienten zu lösen«. Dazu brauche ich meine Patienten nicht, und ich glaube, das ist bei den meisten meiner Kollegen der Fall. Wir mögen vielleicht dadurch, daß wir anderen helfen, wachsen. Aber das heißt noch lange nicht, daß wir ohne unsere Patienten unvollständig sind.

Jemand, der überaus qualifiziert ist, mich zu beurteilen, sagte einmal: »Du hast immer bestimmt, was du wolltest, und warst so lange dahinter her, bis du es bekamst.« Es ist kein Zufall, daß ich jetzt von Freunden Briefe und Botschaften der Liebe erhalte. Es ist kein Zufall, daß ich genau den Ehemann bekommen habe, den ich wollte und brauchte. Es ist kein Zufall, daß ich eine Arbeit habe, die ich liebe, und sie gut mache.

Ich weiß nicht, weshalb ich es aushalten kann und Jim es nicht konnte. Ich verstehe seine Verzweiflung, seinen Selbstzerstörungstrieb – ich habe selbst kurz davor gestanden, mich zu zerstören. Ich denke, der Unterschied zwischen uns beiden ist entweder gering oder gewaltig – vielleicht beides –, aber ich bin mir nicht sicher, worin dieser Unterschied besteht.

Meine Mutter ist eine interessante Frau. Manchmal wünschte ich, ich würde sie kennen. Sie gab mir ihren Verstand (diese gemeine Stimme sagte gerade: »Sie konnte es sich leisten – sie hat ihn nie benutzt«). Aber sie gab mir auch ein Gerechtigkeitsgefühl und einen Hang zur Ironie mit auf den Weg. Als ich Kind war, sahen wir vom Wagen aus, wie ein paar Kinder sich über ein schwarzes Kind lustig machten. Meine Mutter bremste, verscheuchte die Quälgeister, tröstete das schwarze Kind, stieg wieder in den Wagen, fuhr los und hielt meinem Bruder und mir einen Vortrag darüber, daß sie uns, wenn sie uns jemals dabei erwischte, wie wir einen anderen Menschen so niederträchtig und grausam behandelten, windelweich prügeln würde.

Sie spielte mit uns. Sie kitzelte uns, lachte und schenkte uns einen stummen Hund, den wir liebten. Sie bat mich ständig, Worte zu buchstabieren, half mir stets bei den Hausaufgaben, wenn ich sie darum bat, nähte meine Kostüme für die Tanzabende, die sie jedesmal besuchte, erschwindelte Kleider und einen generösen Zuschuß von meinem geizigen Dad, hatte die perfekte Lösung für die Beendigung der Kriege zwischen Bruder und Schwester (»Wenn ihr jetzt nicht aufhört, müßt ihr euch küssen«), erinnerte sich an kluge Dinge, die ich gesagt oder getan hatte, las ständig und verbesserte mit ihrem reichhaltigen Wortschatz den meinen. Sie schenkte mir eine gewisse »Präsenz« und die Überzeugung, daß Frauen diese Präsenz haben sollten. Das blieb besser haften, weil sie in dem, was sie sagte, das Gegenteil ausdrückte und heute noch von sich selbst glaubt, daß sie das Gegenteil ist. Sie hält sich für die abhängige Frau (mein Vater ist der gleichen Meinung) und ihn für den starken Mann. Nun, vielleicht ist es ihr »Geschäft«, die Abmachung, die meine Eltern vor fünfzig Jahren trafen, als sie die gescheiteste Fünfzehnjährige weit und breit und er ein hübscher, starker Mann von zweiundzwanzig war. Vielleicht ist es für sie die Wahrheit – vielleicht ist sie noch immer jenes zierliche Mädchen, das sich an ihn anlehnt; möglicherweise ist er immer noch jener entschlossene junge Mann mit dem breiten Unterkiefer.

Woher soll ich das wissen? Ich weiß nur, wie ich sie mir gewünscht habe. Es ist so schwer, sie einfach nur als Menschen zu sehen. Aber mehr sind sie wirklich nicht. Mehr bin ich wirklich nicht. Ich bin kein Ungeheuer, das seinen Sohn zum Selbstmord trieb, und sie sind keine Monster, die mich fast in den Selbstmord trieben. Ich selbst habe mich dazu getrieben. Und ich wählte das Leben; es war meine Entscheidung. Genauso, wie ich all die anderen Entscheidungen in meinem Leben (einschließlich der Entscheidung, an meinem Groll festzuhalten) getroffen habe. Genauso, wie Jim sich entschieden hat.

Ich liebte meinen Sohn.

Ich liebe meinen Sohn.

Ich werde meinen Sohn immer lieben.

Manchmal bin ich mir bewußt, daß Vergangenheit, Gegenwart und Zukunft nicht existieren – daß sie nur Übereinkünfte sind; von uns erdacht, um das Leben ein wenig verständlicher, ein wenig begreiflicher zu machen. Ich wünschte, ich könnte es ohne sie schaffen, könnte mich unbehindert von der Zeit bewegen und Whitmans »friedliche und wirkliche Gesichter« sehen, und Jims Gesicht unter ihnen; jene Gesichter, die mich umgeben und mit mir verschmolzen sind.

Der Gedanke des Tages: Trauer bedeutet, sich stets zu vergewissern, daß man wasserfeste Wimperntusche aufgelegt hat.

Ich übertrug einige der Briefe, die ich von Freunden erhielt, zusammen mit meiner Antwort in das Tagebuch. Hier ist eine Erwiderung vom 16. Dezember 1984:

Ich möchte Dir für den Brief danken – für das Verständnis und das Interesse, das aus ihm spricht; dafür, daß Du Deinen Verlust mit mir geteilt hast; dafür, daß Du die Hoffnung mit mir teilst, daß sich mein »Hören« durch diese Tragödie verbessert. Ich spüre, daß dies bereits der Fall ist. Aber ich traue im Augenblick weder mir selbst noch meiner Fähigkeit, das einzuschätzen. Ein »Grund« für Jims Tod wäre zu tröstlich, und ich muß alle Möglichkeiten ausschöpfen und eine Weile mit dem Chaos leben.

Ich habe einen Ehemann, der mich tröstet – manchmal, indem er mich allein läßt; manchmal, indem er mit mir spricht; manchmal, indem er mich nur in seinen Armen hält. Seine Beziehung zu Jim beruhte auf seiner Nähe zu mir – sie waren einander freundliche Fremde. Dennoch kannte er Jim auf eine objektive Art. Und ihm gefiel, was er sah. Die Tatsache, daß er ihn nicht liebte, hilft mir. Die Tatsache, daß meine Familie ihn liebte, hilft mir.

Meine Kollegen sprechen mit mir darüber, wenn ich davon anfange, und halten sich ansonsten zurück. Auch das hilft mir.

Gedichte helfen mir. Schreiben hilft mir. Weinen hilft mir. Schlaftabletten an Werktagsabenden helfen mir. An den Wochenenden nicht einschlafen zu können, hilft mir. Mich an

Jims Leben statt an seinen Tod zu erinnern, hilft mir. Freunde wie Du helfen mir. Mein Glaube daran, daß die Zeit helfen wird, hilft mir. Lachen hilft mir. Fernsehen hilft mir. Menschen um einen Gefallen zu bitten und zu sehen, wie froh sie sind, etwas für mich tun zu können, hilft mir. Meinen Patienten zu helfen, hilft mir. Zu sagen: »Fragen Sie den und den. Ich kann mich im Augenblick nicht mit dem Problem auseinandersetzen«, hilft mir. Einfach hinauszuspazieren, wenn meine Grenze erreicht ist, hilft mir. Daß meine Patienten es nicht wissen, hilft mir. Mich von Zeit zu Zeit in meinem Schuldgefühl zu wälzen, hilft mir. Zu wissen, daß ich schon vorher Schuldgefühle gehabt habe, hilft mir. Die Erwartungen anderer helfen mir. Wütend über die Erwartungen anderer zu sein, hilft mir. Nicht kochen zu müssen, hilft mir. Mit meinem Bruder und meiner Schwester zu sprechen, hilft mir.

Ich würde alles dafür geben, um Jim zurückzubekommen – aber niemand will das Geschäft mit mir abschließen. Es ist der schmerzlichste Verlust meines Lebens. Aber ich habe schon andere Verluste hinter mir, die zu ihrer Zeit verheerende Folgen für mich hatten. Und ich habe sie überlebt. Ich weiß, daß ich auch diesen Verlust überleben werde – manchmal weiß ich nicht, wie, und manchmal sorgt sich ein Teil von mir nicht viel darum –, aber ich weiß, ich werde überleben.

Danke für Dein Interesse.

16. 12. 84 Es besteht keine Möglichkeit, daß Jim an meiner Liebe gezweifelt haben könnte. Was mein Herz in Stücke schlägt, sind meine Zweifel daran, daß er mich liebte. Ich grüble und grüble und grüble, aber ich kann meinen Schmerz nicht ausklammern. Ich kann nicht sagen: »Ich verstehe, Jim. Ich weiß, daß du mir das nicht angetan hast, um es mir anzutun.« Ich nehme an, es ist Wut. Aber Wut scheint mir ein reineres, weniger kompliziertes Gefühl zu sein als jenes, das ich spüre. Wut fühlt sich wie Feuer an – dieses Gefühl hier fühlt sich wie Blei oder ein blutiges, verstohlenes, schmachvoll verrichtetes Opfer an, dessen Gewicht auf meiner Seele lastet. Da ist Bitterkeit und Groll und Schmerz, vermischt mit dem zuvor Angeführten. Es ist eine Frage, die gegen eine Mauer prallt, ein kosmisches »Weshalb?«, das niemals beantwortet werden wird. Es ist wie eine von Kafkas Alptraumszenen.

17. 12. 84 Tagebuchschreiben ist eine seelische Läuterung. Manchmal habe ich das Gefühl, die Worte könnten sich durch die Papierschichten ätzen. Sie sind so voller Schmerz und Wut. Doch noch rühren sie sich nicht vom Fleck. Oder vielleicht brennen sie sich ihren Weg durch unbekannte Schichten unbekannter Dinge.

18. 12. 84 Die Summe unserer Vergehen wurde durch die Gesamtsumme von Jims Elend übertroffen. Was wiederum bedeutet, daß er der Gleichung etwas hinzufügte.
Wir alle nähren Schlangen an unserer Brust. Wir alle nähren gewisse Geringschätzungen oder Verstöße. Wir alle vernachlässigen uns manchmal auf irgendeine Art und Weise. Für uns alle gibt es Dinge, die wir uns oder anderen nicht vergeben können.
Jim traf eine drastische Entscheidung, aber er handelte aus Antrieben heraus, die uns allen eigen sind.
Manchmal verstehe ich, weshalb er es gerade so und nicht anders gemacht hat. Da ist diese ironische Rücksichtnahme, mit der er dafür sorgte, daß nicht einer von uns ihn fand. Und da ist die totale, endgültige Verpflichtung, sich für die Kleineren einzusetzen (oder meine ich die Größeren?), die er nicht eingehen konnte.
Da ist der Wunsch, die Kontrolle zu übernehmen, das eigene Schicksal zu bestimmen, »schließlich doch noch etwas Richti-

ges« zu tun. Die Tatsache, daß diese Dinge von einer falschen Annahme auszugehen scheinen, machte sie noch lange nicht falsch, als er sie dachte.

19. 12. 84 Ich weiß, daß mir niemand bei meiner Trauer mehr hilft als ich mir selber. Das läßt einen manchmal recht einsam sein, aber es ist auch beruhigend – weil ich immer da bin. Ich brauche mich nicht auf das launische Schicksal zu verlassen; ich brauche nicht zu warten, um zu sehen, ob ich für Gott oder den Weihnachtsmann brav genug gewesen bin.
Viele Menschen und Dinge haben mir geholfen, viele nicht. Ich bin gern diejenige, die entscheidet. Ich schätze derartige Entscheidungen, selbst wenn ich mich manchmal – bewußt oder unbewußt – falsch entscheide. Auch Jim hatte das Recht. Alle haben es.
Ich kann nicht sagen, daß ich meinen Frieden mit seiner Entscheidung gemacht habe. Wie könnte ich, wo doch ein Teil jener Entscheidung mir Schmerz zufügte? Diese Tatsache wurde in Jims Kopf von anderen Dingen überschattet, aber in meinem wiegt sie am schwersten. Ein Teil von ihm wußte um den Schmerz, den ich fühlen würde. Diese Tatsache läßt meine Zähne klappern. Und ich kann nur hoffen, daß ich lernen werde, damit zu leben.

20. 12. 84 Seine Erwartungen an sich selbst überstiegen stets seine Wirklichkeit. Wir alle versuchten auf jede erdenkliche Art und Weise, ihm zu sagen: »Jim, in unseren Augen bist du großartig. Du bist intelligent. Du bist tüchtig. Du bist etwas Besonderes.« Aber er wollte oder konnte es nicht glauben.
So viele Menschen sind mit einem Bruchteil dessen zufrieden, was Jim besaß. Jeden Tag gehen Kinder allein fort – ängstlich oder nicht. Warum nicht er?
Ich weiß, wie quälend Selbstzweifel sind; aber ich begreife

nicht, weshalb seine so überwältigend waren. Ich weiß, wie man bis zum Rand kommt, ich weiß nur nicht, wie man springt.

22. 12. 84 Mein Kollege Ken fragte mich, ob ich zu einer Weihnachtsfeier ginge. Ich erwiderte: »Nein. Ich fühle mich im Augenblick nicht gesellschaftsfähig.« Er kennt mich so gut, daß er lachen und fragen konnte: »Wie willst du den Unterschied erkennen?« (Meine Aversion gegen Feiern war legendär.)

Er legt mich gern herein. Einmal überwies er mir eine Patientin, was sich als sehr gut herausstellte. Daraufhin sagte er zu mir: »Ich habe gewußt, daß es ihr guttäte, wenn sie mit einer reifen, starken, aber femininen Frau zusammenarbeiten würde.« Während ich im Geiste mein Dankeschön aufsetzte, mit genau der richtigen Spur von Bescheidenheit, fuhr er mit einem Grinsen fort: »Aber *du* warst gerade frei.«

Ich spürte förmlich, wie die Pointe erblühte. Aber ich war beeindruckt – man kann mich nicht leicht hereinlegen.

24. 12. 84 Gott, die gestrige Nacht war schrecklich. Ich glaube, ich habe ungefähr vier Stunden geschlafen. Was teilweise daran lag, daß mich um halb drei Uhr morgens eine Krankenschwester angerufen hat, um mich zu fragen, ob sie einem Patienten eine zweite Schlaftablette geben solle. (Ich hatte das Gefühl, als ob ich hysterisch kichern und schreien müßte: »Klar! Niemand sollte eine schlaflose Nacht verbringen!«) Doch das wirkliche Problem bestand darin, daß ich diese Dinge automatisch weiterhin tat. Ich dachte an jede erdenkliche Handlung oder Reaktion, an jedem erdenklichen Punkt, an dem sie eine Rolle gespielt haben könnten.

Ich hasse es, Weihnachten ohne ihn zu sein. Ich hasse es, daß die Zeit so unerbittlich weitergeht und daß die gottverdammte Welt so *normal* aussieht. Ich hasse es, daß die Leute mir »Frohe Weihnachten« wünschen und daß ich ihnen mit einem, wenn auch matten, Lächeln antworten muß: »Ihnen auch.«

In zwei Tagen wird es ein Jahr her sein, seit ich ihn das letzte Mal lebendig und lachend gesehen habe. Meinen Jimmo, Jimbo, Jimmy, Jim. Mein Baby, mein Junge, mein erwachsener Sohn. Oh, und in was für einer hassenswerten, hassenswerten, hassenswerten Welt ich jetzt lebe! In einer Welt ohne das strahlende Lächeln; einer Welt ohne das ansteckende Lachen; einer Welt ohne jemanden, der so geliebt wurde, der mich Mom nannte. Ich sehe sein Gesicht in dem vieler junger Männer, aber es ist nicht *sein* Gesicht, nicht wirklich mein Jim.

Wie ist es möglich?

Wie konnte er von mir, aus meinem Leben entfernt werden?

Ich hatte so wenig mit seinem Alltag zu tun und er so wenig mit meinem. Wie ist es möglich, daß sein Tod eine solche Lücke, einen solchen Abgrund hinterläßt?

Uns trennten 640 Kilometer. Was trennt uns jetzt? Ich weiß es wirklich nicht – ich weiß nur, daß ich nicht darüber hinwegkommen kann.

Verloren. Verlassen. Unterlassen.

Der Herr ist mein Hirte, mir soll nichts… Zweifellos sollen Güte und Gnade bei mir sein bis ans Ende meiner Tage…

Die Gnade liegt im Auge des Betrachters. Gnade wäre ein Flugzeugunglück auf dem Weg nach Hause – der einzigen Zeit in meinem Leben, wo ich mich nicht einen Deut darum schere.

Die Gnade ist etwas ganz Natürliches; sie tropft gleich einem freundlichen Regen vom Himmel.

Wirklich? Ich dachte, es wäre Scheiße. So kommt es mir wenigstens im Augenblick vor – als ob sich die Himmel mit ei-

nem großen Donnerschlag (einem Schuß?) geöffnet hätten –
und es Scheiße regnet.
Fröhliche Weihnachten! Fröhliche Weihnachten! Daß ich
nicht lache!
Tunte, Tänzer, Tussie, Drachen, Komet, Kupido, Donner,
Blitz. Und natürlich Rudolph. Vielleicht ist es heute abend
draußen neblig. (Ein Scheißsturm zieht auf.)
Versuche herauszufinden, wer unanständig ist und wer nett.

Kapitel 8

Erweiterte
Kommunikation

Meiner Meinung nach trägt Kommunikation wesentlich zur Heilung bei. Wir leben nun einmal nicht in einem Vakuum. Und wenn unser Leben durch eine Tragödie auseinanderfliegt, ist buchstäblich niemand in der Lage, alle Bruchstücke bei sich zu behalten. Manche fliegen weiter und treffen jene, die uns nahe stehen, andere vergraben sich unter der Oberfläche, und man muß ein bißchen herumstochern, um sie herauszuholen. Manche bleiben tief in uns stecken. Sollte das der Fall sein, kann einigen durch eine Operation geholfen werden, während andere damit leben müssen, weil der Splitter einem lebenswichtigen Organ zu nahe ist, um sicher entfernt werden zu können. Wir brauchen die Hilfe anderer, um den nötigen Schritt zu tun oder das Unausweichliche zu ertragen.

In bezug auf Kommunikation habe ich eine seltsame Eigenart. Mir fällt es oft leichter, mich beim Schreiben mit tiefen Gedanken und Gefühlen auseinanderzusetzen. Wenn ich spreche, fehlen mir oft die Worte, und ich bin frustriert, wenn ich zu weinen anfange. Es scheint, als ob die Tränen in meinem Gehirn einen Kurzschluß auslösen. Ich glaube nicht, daß ich mich wegen des Weinens schäme. Ich denke, ich ziehe es einfach nur vor, zu sprechen, wenn ich spreche, und zu weinen, wenn ich weine. Nie sollte beides sich begegnen...

Trotzdem kann ich weinen, wenn ich schreibe. Das eine schließt das andere nicht aus. Ich habe nach Jims Tod stundenlang in mein Tagebuch geschrieben und meistens kübelweise dabei geweint. Tom verstand, daß es für mich eine Therapie war, und ließ mich weinen. Er sei gesegnet. Er wußte, daß ich zu ihm kommen würde, wenn ich Trost brauchte. Wir sind schon lange über den Punkt hinaus, wo wir laut sagen müssen: »Nimm mich in die Arme.«

Vor Jahren wurde mir klar, daß ich Talent zum Schreiben hatte (obwohl es für mich noch immer unmöglich ist, es qualitativ zu bestimmen). Das hat man mir schon auf der High School, in Reaktionen auf Briefe, dem College und während meiner Assistentenzeit bestätigt. Ich war ein paar Jahre lang die Frau eines Militärangehörigen. Danach besuchte ich weiterführende Schulen und machte eine Ausbildung. Was heißt, daß viele Freunde gekommen und gegangen und in mein Leben getreten sind, wie ich in ihres. Ich habe mich immer bemüht, in meinen Briefen ganz ich selbst zu sein, so zu schreiben, daß der Leser das Gefühl hat, als hätte er gerade einen angenehmen Besuch bei mir hinter sich.

Das ging in andere Formen des Schreibens über. Obwohl medizinische und psychiatrische Journale gewisse Regeln haben und von Autoren fordern, daß sie einer bestimmten Form folgen, stellte ich fest, daß ich meinen Standpunkt auch innerhalb eines vorgegebenen Rahmens vertreten konnte. Vor Jims Tod nahm ich an einem Essay-Wettbewerb teil. Im darauffolgenden Januar bekam ich die Nachricht, daß ich gewonnen hätte und meine Arbeit im Mai der American Academy of Psychoanalysis vortragen solle. Das gab mir das nötige Selbstvertrauen, um ein Jahr später an einem anderen Essay-Wettbewerb teilzunehmen, den ich ebenfalls gewann. Was wiederum dazu führte, daß ich im Juli des Jahres 1986 eine monatliche Kolumne in der *Psychiatric Times* bekam. In meiner Kolumne nahm ich nie ein Blatt vor den Mund. Mit der Zeit ist sie immer mehr zu einem Brief an Freunde geworden – einem Brief, in dem ich meinen Lesern Jims Tod und die Gedanken, Gefühle und Erfahrungen eines Menschen mitteilte, der zufällig auch Psychiaterin ist.

Die Reaktion der Leser auf meine Kolumne war enorm und meistens erfreulich. Ich stellte fest (habe ich jemals daran gezweifelt?), daß die meisten von uns zu den Leichtverwundeten gehören. Ich legte Wert darauf, in meiner Kolumne das zu sagen, was ich wollte, und jenen Lesern zu antworten, die mir entweder geschrieben oder mich auf Konferenzen angesprochen hatten. Genauso wichtig wie das Schreiben war mir die Reaktion der Leser. Jede Antwort ist einmalig, aber die häufigsten Sätze (die alles mögliche bedeuten können) waren: »Sie verstehen« und »Sie haben mir geholfen«.

Denken Sie an die Anerkennung, die darin liegt. Und dann überlegen Sie sich, wie unwiderruflich sich der Selbstmörder von dieser Form des Austauschs abschneidet. Der Selbstmord-Experte Edwin Shneidman betont, daß Selbstmordmitteilungen aus dem einfachen Grund keinen Sinn ergeben, weil der Selbstmörder sich nicht umzubringen brauchte, wenn er tatsächlich über seine Gefühle sprechen könnte. Shneidman sagt auch, daß der Selbstmörder jede Hilfe der Hinterbliebenen abgelehnt hat. Diese Art von »Abkürzung« – diese Verhinderung des Kommunikationsprozesses, des möglichen Verständnisses, der möglichen Hilfe – ist für den Selbstmörder tödlich und manchmal für die Hinterbliebenen nicht weniger tödlich. Deshalb sollten sie mit den Menschen, die ihnen nahestehen, sprechen und eine Einzeltherapie oder den Beitritt in eine Selbsthilfegruppe wie den Survivors of Suicide und den Compassionate Friends in Betracht ziehen.

Muß ich noch sagen, daß es egal ist, wie gut Sie sich ausdrükken können, wie gebildet Sie sind, wie gut Sie Ihre Gedanken zusammenhalten können? Was zählt, ist, wie sehr Sie sich bemühen, andere zu erreichen, Informationen gegen Hilfe einzutauschen und Hilfe gegen Informationen. Als ich einmal einem Freund zu erklären versuchte, wie man einen Dialog schreibt, nahm ich folgendes Beispiel: »Stell ihn dir wie ein Tennisspiel vor. Das Spiel verläuft nicht in einem Schwung, sondern es besteht aus Schlägen und Gegenschlägen beider Spieler. Zack! Der Ball ist im Feld des einen. Zack! Jetzt ist er im Feld des anderen.«

Autorin zu sein bedeutet für mich nur, daß ich jetzt mit viel mehr Menschen kommunizieren kann. Ich kann sagen, daß Jims Zurückweisung meiner Hilfe und meines Verständnisses mir das Gefühl gegeben hat, zu nichts nütze zu sein. Ich kann sagen, daß es mir – ungeachtet des Schuldgefühls in bezug auf die wirklichen Fehler – schließlich dämmerte, daß die Hinterbliebenen eher Opfer als Mörder sind. Im ersten Schock neigen die Hinterbliebenen dazu, sich als Mörder zu sehen. Das habe ich getan, sagen sie sich. Es ist meine Schuld, jammern sie.

Nun, lassen Sie mich Websters Definition des Begriffes *Opfer* zitieren: »Jemand oder etwas, der oder das getötet, zerstört, verletzt oder sonstwie beeinträchtigt wurde oder durch eine Handlung, einen Zustand, eine Tätigkeit oder einen Umstand leidet.«

Hört sich für mich richtig an.

Und für Sie?

Kapitel 9

Das »Warum?«-Problem

Ich muß noch über einen Kummer von mir sprechen und hoffe, daß Sie es auch weiter mit mir aushalten werden. Es handelt sich um eines dieser weitverbreiteten Mißverständnisse, die unweigerlich dazu führen, daß wir uns nur selbst nachjagen. Es ist die minutiöse Suche nach dem »Warum« eines jeden Selbstmords. Die Menschen fragen mich, ob ich verstünde, weshalb Jim sich umgebracht hat. Kann ich, beruhend auf dem, was ich über seine Lebensumstände und Gefühle weiß, eine vernünftige Antwort darauf geben, weshalb sich ein einmaliges Wesen namens Jim Scott umgebracht hat? Aber in Wirklichkeit wollen diese Menschen von mir, daß ich die Faktoren aufzähle, damit sie alles aussortieren können, was auf sie nicht zutrifft, damit sie sich weniger angreifbar fühlen können.

Nun, das ist mir nicht möglich. Denn es wäre a) unehrlich in Anbetracht dessen, was ich wirklich über die Kausalität denke. Und es würde b) tiefer in Jims Intimsphäre eindringen, als ich einzudringen bereit bin, und c) geht es nicht auf den Punkt ein, daß jeder Mensch, der Selbstmord begeht, dies tut, weil er keinen anderen Ausweg sieht, um seine Probleme zu lösen. Wenn ich den Leuten, die mich danach fragen, die Liste anböte, würde ich damit zugeben, daß die Probleme der

Grund sind. An Jim war einzigartig, daß er zuließ, wie sich die Probleme ansammelten; daß er nichts dagegen unternahm, bis sie ihm über den Kopf wuchsen.

Sie glauben mir nicht? Denken Sie darüber nach. Warum bringt sich der unheilbare Krebspatient um? Weil er das Problem nicht lösen kann, unter unerbittlichen Schmerzen zu leiden, die finanziellen Mittel seiner Familie zu erschöpfen oder immer hilfloser zu werden. Warum verübt der Samurai Harakiri? Weil es bei einem Gesichtsverlust die einzig annehmbare Lösung ist. Warum stürzt sich der finanziell ruinierte Aktienmakler aus dem Fenster? Weil er den Unterschied zwischen dem, was er war, und dem, was er sein wird, nicht glaubt verkraften zu können. Warum erschießen sich Jugendliche, wenn der Freund/die Freundin ihnen sagt, es sei vorbei? Weil sie glauben, mit ihrem ersten großen Verlust nicht fertig werden zu können.

In jedem dieser Fälle könnte ein Beobachter die Gründe anführen: Schmerz, zur Last werden, Verlust des Rufes, finanzieller Rückschlag, Liebesverlust. Dieser Beobachter würde den Wald, aber nicht die Bäume sehen. Selbstmord ist ein Zeichen dafür, daß ein Mensch einem ihm unlösbar scheinenden Dilemma entkommen möchte. Die Tragödie ist, daß tatsächlich jedes Dilemma gelöst werden kann. Ein Spaßvogel sagte einmal, Selbstmord sei eine dauerhafte Lösung für ein vorübergehendes Problem.

Ich erwähnte bereits, wie Tom mir den Anstoß gab, als wir eher Freunde als ein Liebespaar waren. Ich klagte über meine Probleme, als er nach einer langen Pause sagte: »Ich finde es großartig, wie du all das herausgefunden hast, deine Einsicht, deine Analyse. Ich möchte nur gern wissen, was du damit anstellen willst.«

Seine Worte machten mich so wütend, daß ich mehrere Monate lang nicht mehr mit ihm redete. Ich sprach schließlich wieder mit ihm, weil seine Worte mich dazu gebracht hatten, mich in psychotherapeutische Behandlung zu begeben und alten Müll aufzuarbeiten. Ich erkannte, daß er recht hatte. Aber das reichte nicht aus, um mir an die Brust zu schlagen und jene Dinge aufzuzählen, bei denen ich im Unrecht gewesen bin. Es war an mir, einige Dinge richtigzustellen und dann damit weiterzumachen. Das war im Jahr 1975. Es sollte sich als ein ausgezeichnetes Training und eine Lektion dafür entpuppen, daß eine Einsicht ohne nachfolgende Handlung fruchtlos ist. Es genügt nicht, nur herumzusitzen und zu grübeln, selbst wenn wir es richtig machen. Wir müssen unser Wissen in die Tat umsetzen, oder wir geraten auf eine Endlosschleife, die uns immer wieder zum Anfang zurückbringt.

Wie ich bereits sagte, besteht diese Handlung manchmal einfach nur darin, anderen zu sagen, was wir denken. Manchmal besteht sie darin, uns aus einer unhaltbaren Lage zu befreien. Manchmal darin, Hilfe zu suchen, weil die Dinge außer Kontrolle geraten sind.

Zu den am weitesten verbreiteten Dingen, die außerhalb unserer Kontrolle sind, gehört die Depression. Depression ist ein weiter Begriff, der für unterschiedliche Menschen Verschiedenes bedeutet. Da gibt es die verständliche und völlig angemessene Reaktion auf bestimmte Umstände (wie beispielsweise einen Verlust), welche die meisten von uns meinen, wenn sie von Depression sprechen. Doch gibt es auch etwas, das in meinem Beruf manchmal klinische Depression genannt wird. Das ist ein anderes Paar Schuhe. Bei der klinischen Depression handelt es sich um ein biochemisches Ungleichgewicht im Gehirn, das häufig zu unangemessenen (und manchmal verwirrenden) Reaktionen auf normale Umstände führt. Da taucht scheinbar aus dem Nichts eine Wolke auf, und alles wird schwierig und grausam. Der Schlaf entgeht den Menschen, sich zu bewegen wird immer mühseliger, und das

Konzentrationsvermögen ist gestört. Dazu kommen noch Probleme mit dem Gedächtnis. Der Mensch wird ängstlich und fragt sich, ob er an der Alzheimerschen Krankheit leidet oder seinen Verstand auf eine andere, ähnlich heimtückische Weise verloren hat. Ehemals seltene Tränen kommen jetzt häufig – oder in Strömen –, und die Leiden, mit denen der Mensch geschlagen ist, verschlimmern sich. In Jims Fall waren es die Rücken-, in meinem die Kopfschmerzen.

Ich kenne die Depression aus verschiedenen Blickwinkeln. Und obgleich ich niemals etwas dagegen eingenommen habe, weiß ich, daß ich mehrere Male depressiv war. Einige meiner Freunde leiden darunter. Ich habe Hunderte von depressiven Patienten gesehen. Und ich weiß, daß mein Sohn depressiv war.

Kennen Sie das alte Sprichwort von dem Pferd, das man zum Wasser führen, aber nicht dazu bringen kann, daß es trinkt? Ich weiß, daß dieses Sprichwort hundertprozentig wahr ist. Ich sagte Jim, daß ich der Meinung wäre, er sei depressiv, und daß er sich in Behandlung begeben solle. Ich weiß, daß Peggy das gleiche sagte. Er ließ uns einfach abblitzen. Als ich depressiv gewesen war, habe ich die Depression mit Vernunft erklärt, so daß mir alle Symptome vernünftig vorkamen. Ich erinnere mich, wie verwirrt ich war, als ich – kurz bevor ich einen Vortrag über Depression hielt – einen kurzen Fragebogen überflog, den ich für das Publikum kopiert hatte, und feststellte, daß die Diagnose, hätte ich ihn sechs Wochen zuvor ausgefüllt, »mäßig depressiv« gelautet hätte. Ich erinnerte mich noch daran, wie ich einer Freundin freudestrahlend erzählte, ich hätte zehn Pfund abgenommen – aber das lag natürlich nur daran, daß ich mir damals nicht so viel aus Essen machte und nachts nur ein paar Stunden schlief; das war zu erwarten, es gehörte zu den Veränderungen, die ich durchmachte; die Tatsache, daß ich viel weinte, daß ich keine Kontakte knüpfen konnte, war unter diesen Umständen völlig verständlich.

Unsere Fähigkeit zur Selbsttäuschung ist schon erstaunlich...

Ich nehme nicht an, daß Menschen, nur weil sie sich elend genug fühlen, um in mein Büro zu kommen und mein Honorar zu bezahlen, mir tatsächlich glauben, wenn ich ihnen sage, sie seien depressiv oder daß es ihnen dank medikamentöser Hilfe wahrscheinlich in zwei bis vier Wochen bessergehen wird. Manche sind ganz bei der Sache. Aber mir ist bewußt, daß andere nur denken, da sie im Augenblick nichts Besseres zu tun haben, könnten sie ebensogut mir zuhören. Schließlich scheine ich ein netter Mensch zu sein. Und bei mir hängen so viele hübsche Diplome an der Wand.

Ich frage sie, ob sie schon einmal an Selbstmord gedacht haben. Falls sie das bejahen, frage ich weiter, wie ihre Pläne aussehen. Falls sie einen Plan haben, will ich wissen, ob sie beabsichtigen, ihn auszuführen. Ich stieß auf einige, die ihren Plan immer wieder durchspielen. Sie stecken sich einen Pistolenlauf in den Mund oder drücken ihn an die Schläfe, während sie in den Spiegel schauen. Ich hatte Patienten, die genug Pillen gesammelt haben, um sich umzubringen. Sie wußten es, und ich wußte es. Sie machen mir eine Höllenangst, was ich ihnen gewöhnlich klipp und klar sage.

Möchten Sie einmal etwas Seltsames hören? Nur zwei meiner Patienten haben sich umgebracht. Beide waren Frauen, die lauthals bestritten, daß sie jemals so etwas tun würden. Beide litten unter übermäßigen Schuldgefühlen und einer völligen Unfähigkeit/Abgeneigtheit, darüber zu sprechen. Die erste nahm nur einen Termin wahr. Die zweite sagte unzählige Termine ab und setzte sich jedesmal über meine Bedenken hinweg, wenn ich sie zur Sprache brachte. Ich glaube, sie wollte mich sehen, weil ein Teil von ihr am Leben hing. Aber sie sabotierte mich und ihre Therapie, weil ein weitaus größerer Teil von ihr sterben wollte.

Ich kann diese Dinge für niemanden ins Gleichgewicht bringen, weder für Jim noch für meine Patienten. Wenn sie mich darum bitten, kann ich mein Gewicht auf die Seite des Lebens legen. Aber ich besitze keine Kontrolle darüber, was sich am anderen Ende der Skala befindet. Und ich kann sie ganz bestimmt nicht dazu bringen, zuerst mich zu fragen.

Ich habe dieses Thema wiederholt mit anderen Therapeuten diskutiert. Aber selbst sehr erfahrene Psychiater hängen der Vorstellung an, daß wir »Patienten am Leben erhalten«. Niemand erhält irgend jemanden am Leben. Das kann nur jeder Mensch selbst tun. Ich werde alles mir mögliche unternehmen, um den Teil des Menschen zu stärken, der am Leben bleibt, der wachsen und gedeihen will. Das ist das einzige, was ich gegen jenen Teil aufbieten kann, der sterben, aufhören und verwesen will. Wir nennen diesen Balanceakt Ambivalenz. Das meinen wir, wenn wir sagen, daß wir diejenigen, die uns am nächsten stehen, zugleich lieben und hassen. Wir sind ambivalent, weil für uns – und da sollten wir uns nichts vormachen – die Quelle der größten Freude auch die Quelle des größten Schmerzes ist. Wenn Sie mir nicht glauben, dann fragen Sie sich einmal, was Sie mehr kränkt: die Kritik eines Fremden oder die Mißachtung eines Freundes?

Diejenigen, die mit dem Gedanken an Selbstmord spielen, spielen auch mit Rettungsideen. Man braucht ihnen oft nur ein paar Zentimeter in Richtung Rettung zu helfen, und sie sind in Sicherheit. Doch sollte man nicht vergessen, daß sie sich die Form ihres Freikaufs aussuchen werden. Nichts ist sinnloser als der Versuch, Gründe aufzuführen, weshalb jemand weiterleben sollte, und nichts ist so hilfreich, wie einen Menschen so weit zu bringen, daß er seine Gründe erklärt. Erst kürzlich konsultierte mich eine Patientin, die jeden mit ihren »Ich-möchte-nicht-mehr-leben-und-Sie-können-mich-nicht-dazu-zwingen«-Spielchen besiegte. Als sie mir damit kam, erwiderte ich: »Sie haben recht.«

Sie war verwirrt und fragte: »Wie bitte?«

Ich antwortete: »Sie haben recht. Ich kann Sie nicht dazu zwingen.«

Sie beäugte mich ein oder zwei Minuten lang argwöhnisch. Dann erklärte sie, daß sie das Leben unerträglich fände und nicht wüßte, wie es weitergehen solle, nachdem sie vor kurzem entdeckt hatte, daß sie sexuell mißbraucht worden war; eine Tatsache, die sie dreißig Jahre lang verdrängt hatte.

Ich dachte darüber nach. Dann sagte ich: »Nun, ich möchte Sie darauf hinweisen, daß Sie vor dreißig Jahren sexuell mißbraucht worden sind. Dennoch war es Ihnen damals möglich, weiterzuleben. Weshalb konnten Sie damals, als die Wunde noch frisch war, weitermachen, und heute, wo es sich nur um eine erinnerte Verletzung handelt, nicht?« Als sie darauf nicht reagierte, fuhr ich fort: »Sehen Sie, ich könnte Ihnen jeden Tag Gründe nennen, aber es wären *meine* Gründe dafür, am Leben zu bleiben. Ich würde lieber Ihre Gründe hören, denn sie müssen Ihnen damals sinnvoll erschienen sein und könnten auch heute noch einen Sinn ergeben.«

Nun, um es kurz zu machen: Es gab Gründe, und sie ergaben einen Sinn.

Kapitel 10

Die Sprengkraft
der Ambivalenz

Eben erwähnte ich die Ambivalenz. Ich würde gern noch mehr darüber sagen, weil ich sie für eine Quelle halte, aus der den Hinterbliebenen sehr viel Leid entspringt.

Wenn jemand, der Ihnen nahesteht, Sorgen hat; ernsthafte, chronische Sorgen; dann wird ein Teil von Ihnen dieser Sorgen sehr überdrüssig. Sie sehen, wie der geliebte Mensch kämpft und kämpft und kämpft. Und Sie sehen, daß es ihm nicht gelingt, seine Schwierigkeiten zu überwinden. Was Sie entmutigt und manchmal empört. Einmal bluten Sie für ihn, dann wiederum würden Sie ihm einen liebsten einen Tritt versetzen. Manchmal explodiert Ihre Wut. Dann wieder verdrängen Sie sie; oft so tief, daß sie Ihnen nicht länger bewußt ist.

Begeht der geliebte Mensch dann Selbstmord, kommen all Ihre negativen Gedanken wie ein Bumerang zurück und hämmern in Ihrem Kopf. Sie flüstern Ihnen ein, Sie seien der Grund dafür, daß der Mensch, den Sie liebten, Selbstmord begangen hat; daß Ihr Angehöriger das Leben als angenehm empfunden und nicht darauf verzichtet haben würde, wenn Sie denjenigen nicht aufgeregt hätten. Und als wäre das nicht schon genug, flüstert irgendwo in Ihrem Innern eine Stimme: »Ich brauche mir um ihn oder sie keine Sorgen mehr zu machen«, und Sie werden für einen Augenblick lang erleichtert sein, sich dann aber jahrelang schuldig fühlen, weil es so aussieht, als hätten Sie sich den geliebten Menschen tot gewünscht.

Das ist das klassische Dilemma der Eltern eines schwerbehinderten Kindes oder des Partners eines Alzheimer-Kranken. Da gibt es Liebe (oft im Überfluß), aber auch Schwäche und endlose Sorgen über Dinge, die entweder niemals waren oder nie wiederkommen werden. Hört dieses Leben schließlich gänzlich auf, spürt der Überlebende einen Bombentrichter dort, wo einst die völlige Inanspruchnahme durch die Bedürfnisse des anderen war. Und am Grund dieses Bombentrichters empfindet der Hinterbliebene ein wenig Erleichterung. Für viele ist es unerträglich, sich dieses Gefühl einzugestehen – besonders kurz nach dem Verlust. Dennoch ist es da und vollkommen verständlich.

Ich habe beobachtet, wie Jim erfolglos gegen viele Dinge ankämpfte, und ich machte mir große Sorgen um ihn. Ich probierte Mittel aus, von denen ich wußte, daß sie helfen; Mittel, die er mich versuchen lassen würde. Aber ich konnte es nicht für ihn machen. Und ich konnte nichts dagegen tun, daß ich mich ärgerte, wenn er nichts unternahm. Und, ja, ich habe Erleichterung empfunden, als alles vorbei war, und, ja, ich hatte gleich darauf Schuldgefühle. Aber die Wahrheit ist, daß ich ihn nicht dazu gebracht habe, aus dem Leben zu scheiden, damit ich mir um ihn keine Sorgen mehr machen mußte. Also ist mein Schuldgefühl unangemessen. Vielleicht hilft diese Erkenntnis nicht jedem. Aber mir half sie. Denn sie versetzte mich in die Lage, es loszulassen. Ich nehme die Schuld auf mich, die ich verdiene, aber ich weigere mich, die Schuld für etwas anzuerkennen, für das ich nichts kann.

Ich weiß, daß es etwas seltsam ausgedrückt ist. Doch die Nachwirkungen eines Selbstmordes sind derart mit Schuld beladen, daß Sie daran denken müssen, sie auszusortieren und einiges davon in den »Ausrangiert«-Behälter zu werfen, wenn Sie normal weiterleben wollen. Sie müssen sich manchmal sagen: »Nein, dieses Teil gehört mir nicht«, oder die schiere Fülle erdrückt Sie. Dennoch wird garantiert einiges davon Ihren Namen tragen. Das ist in Ordnung, da ich nicht annehme, daß Sie auf den Namen Jesus oder Mohammed oder Buddha hören. Wir übrigen sind mit zahllosen Unvollkommenheiten behaftet und machen zwangsläufig Fehler, für die wir uns zu Recht schuldig fühlen. So sei es.

Ich glaube, ich habe bereits erwähnt, daß mein Bruder David mich eines Tages mit dem einfachen Satz tröstete: »Du hast aus dem, was dir damals zur Verfügung stand, mit dem, was du wußtest, das Beste gemacht.« Ich denke, er hatte recht. Was nicht heißen soll, daß ich der Meinung bin, ich hätte es richtig gemacht; es bedeutet nur, daß ich damals, als es Jimbo/Jim wahrscheinlich nicht gutging, weder viel gemacht hatte noch wußte. Ich wußte nicht, daß ich für Jim, den jungen Mann, besonders wichtig war. Die meisten Mütter haben wahrscheinlich eine übertriebene Vorstellung davon, wie wichtig sie für ihre erwachsenen Söhne sind.

Wieder ein Stück Ambivalenz. Als ich Jims Abschiedsbrief las und mir später bewußt wurde, daß er keine persönliche Botschaft für mich enthielt, war ich gleichzeitig gekränkt und erleichtert. Gekränkt, weil er mir keine besondere Aufmerksamkeit geschenkt hatte. Erleichtert, weil er mich nicht als den Hauptübeltäter herausstellte. Tatsächlich zeigte er mit diesem Brief mit dem Finger auf sich. Er tat es, um jene zu schützen, die er liebte. David und meine Eltern waren der Meinung, das bedeute, daß er mit Drogen zu tun gehabt und jemand seine Familie bedroht hätte. Ich habe ihn so verstanden, daß die Wut auf meinen Vater überhandzunehmen drohte und er meinen Vater getötet haben würde, wenn er sich nicht selbst umgebracht hätte. Ich neige immer noch zu dieser Theorie. Es steht außer Frage, daß Jim zuviel Schmerztabletten genommen und manchmal zuviel getrunken hat. Aber ich weiß einiges über Abhängige und Drogendealer (von denen die meisten abhängig sind). Und das, was ich weiß, stimmt nicht mit Jims Profil überein. Ich gebe zu, daß ich wahrscheinlich voreingenommen bin – durch die Liebe zu meinem Sohn und die Wut auf meinen Vater –, aber ich bin immer noch der Meinung, daß er das mit seinem Brief hatte sagen wollen.

Das Ganze hat einen interessanten Nebeneffekt. Als Jim starb, trieb ich sozusagen in einem Generationensee. Ganz gleich, ob ich nun ein wichtiger Faktor in seinem Leben war oder nicht; in meinem Leben war er die Hauptsache. Ich hatte mein Leben zum Teil stellvertretend durch ihn gelebt; ebenso, wie ich stets einiges Gepäck meiner Eltern mit mir herumtrug. Als er die Welt verließ, kehrte meine gesamte Energie wieder zu mir zurück. Gleichzeitig (obwohl mir das erst später bewußt wurde) verschloß ich das Gepäck meiner Eltern in einem Spind, da es mir an der Kraft oder dem Willen gebrach, es weiter mit mir herumzuschleppen.

Ob mich das einsam machte? Darauf können Sie wetten.

Ob mich das befreite? Darauf können Sie wetten.

Kurz nach Jims Tod wurde mir bewußt, daß ich alles bin, was ich habe, und daß meine Handlungen von nun an auf die Erfüllung meiner Bedürfnisse und Wünsche abzielten. Die meisten Menschen, die ihr einziges Kind verlieren, sorgen sich vielleicht darum, wer sich im Alter um sie kümmert. Das ist auch für mich von einiger Bedeutung. Aber was ich mit dem Treiben im See meinte, ist, daß ich jetzt keine Selbstachtung oder Genugtuung mehr aus Jims Leben ziehen kann. Es muß jetzt aus mir selbst kommen.

Das motiviert mich. Das versetzt mir einen ungeheuren Tritt

in den Hintern. Es bedeutet, daß ich die aufblitzenden Bilder von meinem gutaussehenden Sohn, seiner Frau und den Enkeln, und wie ich davon spreche, wie sie wachsen und gedeihen, vergessen kann. Es heißt, daß ich am besten alles vergesse, was ich jemals über Sicherheit gedacht habe, und mich dem zuwende, was mich zufrieden macht; etwas, bei dem ich das Gefühl habe, wirklich zu sein. Denn dieser Augenblick ist alles, was ich habe. Die Zukunft, auf die ich zählte, hat sich in Luft aufgelöst, und es ist an mir, daß ich mir nach meinem Gusto eine neue schaffe.

Ich habe niemals auf Sicherheit gesetzt. Vielleicht ein wenig, damals, als Jim noch klein war. Und es war für mich eine seelentötende Erfahrung. Das heißt nicht, daß ich eine rückständige, bilderstürmende, sämtliche Regeln verachtende Barbarin bin, sondern nur, daß es lange Zeit her ist, seit ich vorgab, daß alles in Ordnung sei, wenn das Gegenteil der Fall war; oder daß ich blieb, obwohl ich wußte, daß ich besser ginge. Es ist erstaunlich, wenn man an all das Elend denkt, in dem die meisten Menschen im Namen der Stabilität leben. Seit Jims Tod kann ich kaum ein Körnchen davon ertragen. Und manchmal scheint es mir, als seien die meisten Menschen unter tonnenweise Sicherheit begraben.

Andererseits besitze ich Ressourcen und Möglichkeiten, die viele Menschen nicht haben.

Hüte dich vor Verallgemeinerungen, sagte sie mit einem Lächeln.

Kapitel 11

Die Suche nach
Stabilität

Wir sprachen über Stabilität, nicht wahr? Ich möchte Ihnen
weitere Tagebucheintragungen vorlegen. Eintragungen, die
zeigen, in welche Richtung ich mich vor Zeiten bewegte.

30. 12. 84 Ich heiratete Jims Stiefvater, weil ich gewisse Illusionen hegte. Hauptsächlich wegen der Stabilität und altmo-
discher Werte. Jahrelang sagte ich mir, er hätte mich hereinge-
legt. Und noch länger redete ich mir ein, mich selbst hereinge-
legt zu haben. Schließlich gelangte ich zu einem Schluß, der
mir wahr erscheint.
Stabilität – die einzige Stabilität, die zählt – muß von innen
kommen. Und wenn sie nicht durch konsequente, liebevolle
Eltern dort angelegt wird, muß sie in Form einer Herausfor-
derung an die eigene Integrität, die eigene Existenz kommen.
Es ist die innere Stimme, die sagt: »Hier stehe ich, obwohl alles um mich herum zusammenbricht.«
Aber es gibt weniger altmodische Werte, als ich dachte. Es
gibt nur eine Sache, die meiner Meinung stets wahr sein wird,
nämlich, daß Grausamkeit immer verkehrt ist. Nichts ist immer richtig – besonders die Liebe nicht. Denn es hängt davon
ab, wen oder was man liebt. Und mit der Liebe kommt stets
der Besitzanspruch einher, klebt an ihr wie ein Parasit.

Die Gründe, weshalb ich Hank heiratete, beruhten auf einer fehlerhaften Logik. Das, was ich in anderen suchte, war in mir selbst zu finden. Und erst, als ich es gefunden hatte, war es von Bedeutung.

Ich kann nicht von der Stärke anderer Menschen leben. Ihre Wurzeln nähren mich nicht, auch wenn sie tief im Boden stecken sollten. Meine Wurzeln konnten Jim nicht nähren. Und ich glaube, er empfand die seinen als zu schwach. Vielleicht hat mein Vater sein Wachstum überschattet, ihm das Sonnenlicht geraubt. Vielleicht mangelte es dem Boden, den ich lieferte, an einigen lebenswichtigen Elementen. Aber mehr Boden konnte ich ihm damals nicht geben. Ein zu junger, nicht angereicherter Boden, erst kürzlich von jenem rauhem und unerbittlichen Berg, der Kindheit meiner Eltern und meiner eigenen, geholt. Ich tat hinzu, was ich konnte – vielleicht zu viele Blumen und zuwenig Gemüse. Aber ich wußte nicht, wie man einen Sohn aufzieht. Ich hatte nur eine Chance und ein schlechtes Beispiel: ein weiterer Sohn, mein Bruder, wuchs wie Unkraut auf und kämpft ums Überleben.

In meiner Familie gibt es keine Eichen. Man muß schon eine Weide sein, um zu überleben. Oder ein Hybride wie mein Bruder. Eine Mischung aus einem Mesquitestrauch und einem Feigenkaktus, duldsam und schwierig, stechend und dennoch nachsichtig gegenüber Misteln, unter denen man sich küßt.

Was war Jim? Vielleicht ein Ahorn. Voll unangezapfter Süße, aber zu hart, um sich den Stürmen des Lebens zu beugen.

Es muß an Robert Frost liegen, daß ich an Bäume denke. Aber ich denke auch an meinen Schwager Lonnie. Sein Vater hieß Oak, Eiche. Und ich habe mich immer gefragt, ob er auch eine sei. Ich glaube, er war eine. Doch wie sich herausstellen sollte, war dies sein Tod. Denn es gibt heutzutage nur noch wenige Eichen. Und eine einsame Eiche wirkt wie ein Blitzableiter und zieht ihr eigenes Ende an.

Er fehlt mir fünfeinhalb Jahre nach seinem Tod immer noch. Er hatte keinerlei Erfahrung mit Schwestern, aber er war mir ein guter Bruder. Ein erwachsener Mann, der mich nicht wie ein ungezogenes Balg behandelte, obwohl ich wahrscheinlich eines war. Ich schrieb seine Eloge und meinte jedes Wort davon. Und ich schrieb nichts, was ich nicht bereits zehn Jahre zuvor geschrieben hatte, als ich für einen Englisch-Kurs im College eine Charakterstudie von ihm machte. Er war zu skeptisch, um zu erkennen, wie sehr ich ihn bewunderte. Er wußte nicht, daß seine Fehler mir nichts bedeuteten. Ich glaube, für Jim bedeuteten sie mehr. Aber ich glaube auch, daß Jim sie sich vergab und sie verstand, denn es waren zum größten Teil Fehler, die er sich selbst zuschrieb. Wissen Sie, es waren Fehler, die einem selbst mehr weh tun als anderen, obwohl man auch andere damit verletzt.

Peggy bat mich, die Eloge zu schreiben. Ich habe sie niemals gefragt, weshalb. Ich dachte, es sei wegen der früheren, unreifen Charakterstudie oder weil der Geistliche ihn nicht kannte oder weil sie an meinen Umgang mit Worten glaubte und wußte, daß ich ihn liebevoll beschreiben würde. Ich weiß, daß es mir geholfen hat. Ich weiß, daß sie all jene bewegte, die ihn liebten. Hier der Wortlaut:

»Sein Vater hieß Oak, und es wäre ein passender Name für ihn gewesen, denn viele von uns haben unter seinen starken Zweigen Schutz gesucht, und viele von uns wußten um die Tiefe seiner Wurzeln.

Er hatte nur zwei Kinder; ein leibliches und eines, das ihn Vater nannte, weil es ihn wie ein Vater liebte. Und er hatte nur einen Bruder. Aber wer von uns hätte nicht seine Brüderlichkeit gespürt oder seine Kinderliebe gekannt? Er machte unsere Kinder zu seinen, und er machte sie zu etwas Besonderem, weil sie wußten, daß ein jedes einen Platz in seinem großen Herzen hatte.

Er stand für viele Dinge, aber hauptsächlich für eine Art ruhiger Männlichkeit, welche die Sorge um und die Verantwortlichkeit für andere akzeptierte. Er etikettierte seine Ideale nicht, er lebte sie. Und er lebte sie verschwenderisch, verlangte von sich stets mehr, als er jemals von anderen erwartet hätte.

Sein Verlust ist am größten für jene, die ihn am meisten liebten, aber er wird von uns allen geteilt. Denn jeder von uns hat eine besondere Nische für ihn in seinem Herzen. Einen Ort, den er selbst mit seinem Lachen, seiner Freundschaft und seiner Liebe errichtete. Er gehört ihm, und er wird immer dort sein, er wird immer in unserem Herzen leben. Er wird für jeden von uns dort sein, stark und standhaft, solange wir leben.«

Ich erinnere mich, wie der zwanzig Jahre alte Jim mit einem traurigen und ängstlichen Gesicht seinen Arm um mich legte, als die Eloge auf Lonnies Beerdigungsfeier vorgelesen wurde. Er sorgte sich um seine Mom; er war ein Mann, der mich tröstete. Ich dachte oft an diese Szene zurück, während ich mich auf sein Begräbnis vorbereitete. Ich wünschte sie zu wiederholen; wünschte, Worte zu finden, um meinen Vater zu betrauern; wünschte mir, daß wir beide, Jim und ich, meinen Vater begraben würden.

6. 1. 85 Ich habe mich entschlossen, mich an einem Haiku zu versuchen. Hier ist es:

> Der Nachtnebel umhüllt die
> schlummernden Blumen
> Ihre Tränen begrüßen den Morgen.

Diese Tage gleichen einem sanften Regen – man lebt sein all-täglisches Leben, und vielleicht bemerkt man, auf eine zer-streute Weise, daß es im Hintergrund zart an die Fensterläden klopft; das Gurgeln in den Rinnsteinen und Abflußrohren, das ständige Tropfen auf der Veranda, das den Takt zu einem unbekannten Lied schlägt.

Jim ist immer da, manchmal verschwommen, dann wieder deutlich – manchmal überdeutlich –, verschwommen, dann deutlich. Ich bin verwirrt, wenn ich minutenlang nicht an ihn denke. Ich fühle mich durch Echos von ihm getröstet. Sein Verlust riß mich entzwei.

Manchmal überfällt es mich, wenn ich gerade nicht daran denke: Ich fange plötzlich an zu weinen, während ich im Wa-gen sitze. Kein Darum, Deshalb, keine Lösung – einfach nur das bloße Gefühl – nicht mit bewußten Gedanken verbun-den –, das hervorströmt und die Feuer der Vernunft, das Feuer des intellektuellen Verstehens löscht. Ziel, Wissen, Stärke sind nur Rauch der verlöschenden Flamme. Da ist we-der Wärme noch Licht, nur Verlust, schrecklich in seiner Macht, überwältigend in seiner Intensität – eine vollkom-mene Finsternis des Herzens.

Wie versetzt man seinen Sohn in die Vergangenheit? Schlim-mer noch, weshalb erkennt man nicht an, daß er jetzt Vergan-genheit ist? Bis jetzt kann ich es nur leugnen. Ich kann mich auf die Unsterblichkeit konzentrieren, auf die Einheit, die Wiedervereinigung. Aber ein Teil von mir weiß, daß, wen im-mer ich eines Tages grüßen und wie ich ihn begrüßen werde – es nicht der Jim von früher sein wird. Es ist einfach so – zu wissen, man kann seine Nummer wählen, seine Stimme hö-ren, sich vorstellen, wie er dasitzt und mit dem Fuß klopft, während er quer über dem Sessel liegt.

8. 1. 85 Die Katatonie hatte immer schon eine gewisse Anziehungskraft auf mich. Es wäre genauso wie in Ken Keseys Beschreibung vom sanften Nebel »des Chefs«. Ich erinnere mich an mein Entsetzen, als ich herausfand, daß es sich bei der Katatonie in Wirklichkeit um den eingefrorenen Willen handelt – den Willen, etwas herein- oder herauszulassen, aus Angst davor, jene schrecklichen Dinge zu tun, an die der Geist auf seinen inneren Exkursionen streift.

So etwas wie eine kostenlose Mahlzeit gibt es nicht, oder? Kein warmer Lavendelnebel... nur ein sich Dahinschleppen, Musik empfinden, Kinder anlächeln, Gedichte lesen, wütend werden. Weinen, erinnern, planen, hoffen, verzweifeln, leben. Vor allem: leben. Der Versuch, weise und gut zu lieben, in dem Wissen, daß ich es nur versuchen, mich nur annähern kann. Mir selbst die Erlaubnis geben. Zu versuchen, es genug sein zu lassen. Zu versuchen, mir selbst zu vergeben. Zu versuchen, Jim zu vergeben. Mich dazu zu bringen, aufzuhören, mich selbst zu quälen, wenn die Grenzen der Belastbarkeit erreicht worden sind.

13. 1. 85 Ich habe eine sehr schlimme Woche hinter mir. Nicht schlimm im eigentlichen Sinne; eher im Sinne einer Erschöpfung. Ich fühlte mich auf eine graue Art depressiv, nicht auf jene haarausreißende Weise. Ich hatte graue, unzusammenhängende Träume, die sich alle um Jim drehten, sich jedoch niemals auflösten. Ich konnte mich nie daran erinnern, um was es eigentlich ging. Die Dinge, die ich sah oder hörte, waren eine Mischung aus Jims »Pathologie« und meiner Schuld an ihrer Erzeugung oder in dem Versagen, sie auszurotten.

Ich weiß nicht, ob ich zu sehr mit mir selbst, zu sehr mit meinem eigenen Leben beschäftigt gewesen bin. Heute glaube ich, daß dem so war. Heute sehe ich nur die verpaßten Eingriffschancen – für immer entschwunden – für immer entschwunden... Ich versuche, damit aufzuhören, versuche mir zu sagen: »Hör auf, dich zu quälen. Mehr tust du nicht. Dieser Schmerz ist nicht Jims Erbe, du fügst ihn dir selbst zu.«

Er hat getan, was er tat, um sein Leid zu beenden, nicht, um meines auszulösen.

Es ist so schwer, damit aufzuhören.

Manchmal sage ich nur: »Hör auf! Hör auf!« (entweder laut oder im Geiste). Oder ich konzentriere mich auf etwas anderes, sobald ich merke, daß ich wieder in meine Selbstquälereien hineingleite. Dann melden sich die Zweifel: »Oh, ich schiebe es also auf? Ich lasse unerledigte Sachen liegen?« Nun, einige Sachen werden niemals erledigt, und man fängt keinen Streit an, wenn man am Zug ist.

Ungefähr Mitte der Woche kam ein Brief von meiner Mutter. Sie informierte mich darüber, daß sie den Schlafsack meines Sohnes dem Stiefsohn meiner Nichte gegeben habe (was mir recht war). Sie schrieb: »Alle waren froh, etwas von Jim zu bekommen. Alle mochten Jim. Er freute sich immer, bei ihnen zu sein. Er ist so gern zu Familienfeiern gegangen. Und wenn es dort ein schönes, noch ungebundenes Mädchen gab, war Jim nicht weit. Oh, wir haben ihn so geliebt und vermissen ihn sehr.«

Es stimmte. Und das schmerzte. Ich nehme an, daß Tote immer idealisiert werden, doch die Worte meiner Mutter hatten ihre Berechtigung. Jim war immer freundlich. Alle mochten ihn. Schon als kleiner Junge gewann er leicht Freunde. Er hatte wundervolle Manieren (obwohl er auch ein kleiner Teufel war). Seine Manieren entsprangen der Rücksichtnahme, nicht dem Drill, und hielten auch vor, wenn ich nicht in der Nähe war.

Ich wünschte, er wäre böser gewesen. Ich wollte, er hätte

meinem Vater das Lebenslicht ausgeblasen. Ich wollte, er hätte mein Lebenslicht ausgeblasen.

Ich glaube, er hat es getan. Ich wünschte nur, es hätte ihn nicht alles gekostet, als er es schließlich tat. Ich wünschte, er hätte einen anderen Weg gefunden und *uns* an seiner Statt den Preis zahlen lassen.

Was bedeutet: an seiner Statt? An Stelle eines anderen. Starb Jim an meiner Stelle? Oder anstelle meines Vaters?

Ich weiß, daß ich den Wunsch ausdrückte, Jim wäre bei der Beerdigung dabeigewesen und hätte mich wegen des Todes meines Vaters getröstet. Ist es ein schrecklicher Gedanke, daß ich mir wünschte, mein Vater wäre anstelle meines Sohnes gestorben? Nun, ich kann nicht anders. Ich würde hundert Exemplare von meinem Vater gegen meinen einen Sohn eintauschen. Ich würde auch mich selbst eintauschen – vielleicht wird das Eingeständnis dadurch weniger schrecklich.

Aber ich kann es noch schrecklicher machen, wenn ich wirklich ehrlich bin. Ich hörte immer, wie wütend und frustriert Jim war, und wünschte mir, mein Vater würde verschwinden und sterben und das Problem lösen. Aber es hätte nicht funktioniert. Denn es lag nicht nur an meinem Vater. Jim fügte noch etwas von sich hinzu, um es zu einem wirklichen Problem zu machen. Was war dieses Etwas? Ich weiß nicht, ob ich es auch nur genau erkennen, geschweige denn beschreiben kann. Ich denke, am besten könnte man es als eine Intoleranz der Ambivalenz bezeichnen. Jim konnte es nicht ertragen, denselben Menschen gleichzeitig zu lieben und zu hassen. Diese Mischung war ihm zu schwierig, zu unbeständig. Ich glaube, es ist mein Fehler. Ich denke, ich brauchte Jims Liebe zu sehr, um zuzulassen, daß er mich haßte. Ich gab ihm zwar Lippenbekenntnisse; sagte, er könne mir widersprechen, sich zur Wehr setzen, mit mir streiten. Aber ich glaube, ganz tief in seinem Innern wußte er, wie sehr ich auf seine Liebe, auf sein Wohlwollen zählte. In dieser Beziehung war ich von ihm abhängig, weil ich mich, was das anging, nicht immer auf mich selbst verlassen konnte.

Ich weiß einiges über Ambivalenz und wie man damit lebt. Doch – um gerecht zu sein – ich vermute, daß auch meine Eltern mir nicht erlaubten, sie zu hassen. Ich weiß nur, daß ich es manchmal getan habe und damit fertig wurde, indem ich das eine auf das andere folgen ließ. Es war schier unmöglich, gleichzeitig Liebe und Haß zu empfinden. Ich fuhr am besten, wenn ich die Gefühle je nach Bedarf an- und ausschaltete.

Was hätte ich Jim sagen sollen? Vielleicht, daß es keine Tugend ist, den Haß zu verdrängen oder ihn gegen sich selbst zu richten. Benutze ihn für deine Flucht. Laß ihn ausbrennen, wenn du weit genug von seiner Quelle entfernt bist und nichts Brennbares zurückgeblieben ist. Entweder bleibt man auf der Stelle stehen, oder man entfernt sich. Bringe Distanz zwischen dich und den Gegenstand deines Hasses, und der Haß wird sich nur noch an der Erinnerung mästen können. Doch du mußt zwischen dir und anderen wählen, dich wählen, wenn du glaubst, keine Wahl mehr zu haben. Wenn du nur einen Menschen lieben kannst, dann liebe dich, bis dein Fassungsvermögen größer geworden ist. Und wenn du niemanden lieben kannst, dann sei wenigstens gleichgültig – es könnte dein Leben retten.

3. 2. 85 Ich bin auf einer Konferenz, die ein Thema behandelt, über das ich mehr wissen muß. Sie ist recht interessant. Aber ich merke, wie meine Gedanken zum Kern der Dinge abschweifen – zu Jim.

Gestern mittag bin ich durch eine Einkaufsstraße geschlendert. Mir ist einiges aufgefallen, aber am meisten die kleinen Jungs. Jungs jeden Alters, jeder Größe, jeden Verhaltens, jeder Hautfarbe. Nur kleine Jungs. Und natürlich dachte ich an meinen kleinen Jungen.

Als ich gestern morgen aufwachte und noch im Bett liegen blieb, nichts willens, die Katze wissen zu lassen, daß ich bereits wach war, dachte ich an die Tat eines kleinen Jungen, die mich lächeln ließ. Wir flogen. Für Jim und mich war es das erste Mal. Während wir endlose Warteschleifen über dem Flughafen drehten, wurde mir schlecht. Ich füllte einen Beutel. Da mir immer noch übel war, stand Jim (damals noch Jimmy) auf und sagte zu den Mitreisenden hinter uns: »Entschuldigen Sie, meiner Mutter ist schlecht. Würden Sie mir bitte eine Tüte für sie geben?« Ich war zu hilflos, um zu fragen, und Hank zu verwirrt, oder es war ihm peinlich. Also wurde ich von meinem sechsjährigen Sohn gerettet.

Die Erinnerung daran ließ mich lächeln; ein Lächeln, dem kein Selbstvorwurf folgte. Einer jener seltenen Momente, in denen ich die Erinnerung daran zuließ, wie sehr ich Jim mochte, ohne daß Schuldgefühle auftauchten.

Um auf die anderen kleinen Jungs zurückzukommen – ich schaue sie mir immer noch an und denke, wie gern ich sie umarmen oder ihren Eltern sagen würde, sie sollen sie umarmen und: »Seien Sie nicht ungeduldig mit ihm. Kritisieren Sie ihn nicht. Sie wissen nicht, wie kostbar er ist. Ich hoffe, Sie werden niemals so wie ich mit diesem Wissen konfrontiert.«

Ich dachte daran, wie wütend ich ein paar Jahre später während eines Flugzeugwechsels auf Jim war, als er alle Sachen zurückgelassen hatte, mit denen ich ihn während der langen Reise hatte amüsieren wollen. Wie alt war er damals gewesen? Ich glaube, er war acht Jahre. Ich kann nicht verstehen, wie dumm ich damals gewesen bin. So ein Theater darum zu machen. Es ist eine Sache, sich selbst zum gnadenlosen Streben nach Perfektion anzutreiben. Weshalb mußte ich auch noch meinen kleinen Jungen dazu drängen?

Aber die Medaille hat auch eine Kehrseite. Ich drängte ihn nicht, wenn es um Leistung ging, besonders um schulische Leistungen. Das war meine Nische. Ich hatte die daraus resultierenden Unbilden am eigenen Leib erfahren: die Sorge um die Noten; darum, was die anderen von meiner Intelligenz hielten, Sorgen um die Tatsache, daß meine geringe Selbstachtung daherrührte. Ich glaube, es war falsch, ein zu dünner Faden. Und ich wollte Jim wissen lassen, daß er gut war, weil er *war*, nicht weil er es in der Schule bewiesen hatte.

Ich weiß nicht, wie ich es verpfuscht habe, aber ich schätze, ich habe es. Immer wieder hörte ich, er sei »aufgeweckt, aber…« Lehrer sprachen von Motivation und begannen ihre ermunternden Gespräche immer mit »Jimmy ist einer meiner Lieblingsschüler« oder »Jimmy ist so liebenswert«. Sie sagten stets (offen oder versteckt): »Motivieren Sie ihn.« Und frustriert, wie ich war (ich bin mir sicher, ihm ging es ebenso), fragte ich schließlich: »Wie soll ich das anstellen?« (Ich weiß noch immer nicht, wie man andere motiviert.) Ich fand nie die richtigen Worte. Ich habe einiges versucht: Zeit für Hausaufgaben, Geld für gute Noten, kein Taschengeld bei schlechten Noten, Fragen, Drohungen, Bitten. Ich fragte ihn, ob er zu einem Psychologen wollte, sagte ihm: »Es ist okay, wenn du auf Dad und mich sauer bist« und versuchte zuzuhören, wenn er sprach (was selten vorkam).

Peggy paukte mit ihm. Ich war nicht gut darin, und sie hatte schon früher Erfahrungen mit den verrückten Methoden einer jener Schulen gemacht, auf die er ging (ich weiß, daß das ein Vorurteil ist, aber das kümmert mich nicht. Ich glaube, daß es sich bei »Erziehung« in Wirklichkeit meistens um den Versuch handelt, Kinder zu unterwerfen). Meine Lieblingsstory über Jim und Peggy handelt davon, daß sie an etwas arbeiten, was ihm Schwierigkeiten bereitete. Sie gingen das Material immer wieder durch. Schließlich sagte er frustriert: »Ich hasse es. Ich hasse es, hierherzukommen und immer wieder denselben mir unverständlichen und völlig gleichgültigen Stoff durchzukauen.«

Sie erwiderte überaus geduldig: »Nun, tut mir leid, Jim, aber wir müssen ihn so lange durchkauen, bis du ihn verstanden hast.«

Er grinste, schüttelte den Kopf und sagte: »Nein, Tante Peggy. An dieser Stelle solltest du sagen: ›Nun, es tut mir leid, Jim, aber wenn du so denkst, kann ich dich nur noch bitten zu gehen und niemals wiederzukommen.‹«

Ich wollte, ich hätte etwas anderes ausprobiert: Privatschulen, Privatlehrer. Vielleicht hätte ich auch zu ihm sagen sollen: »Komm mir nicht mit Entschuldigungen. Ich weiß, daß du intelligent bist, und ich erwarte mehr von dir, als du zu geben bereit bist.« (Halt! Jetzt, wo ich daran denke, fällt mir ein, daß ich es gesagt *habe*.)

Ich möchte eine weitere Chance. Nicht mit einem anderen Kind. Nicht mit einem anderen Menschen. Nicht um eine bessere Psychiaterin oder ein besserer Mensch zu werden. Ich möchte eine weitere Chance mit Jim.

Oh, bitte, laß die Buddhisten recht haben.

8. 2. 85 Ich habe einen Brief von einer Freundin bekommen, in dem sie mir mitteilte, der Sohn einer anderen Freundin habe Selbstmord begangen. Sie hatte gerade davon erfahren und schrieb, daß sie nicht wüßte, was sie sagen solle.

Ich schrieb ihr: »Ich möchte Dir ein paar Ratschläge geben, die auf dem beruhen, was mir geholfen hat; nicht mir als Psychiaterin, sondern als hinterbliebene Mutter.

Zuallererst: Erinnere sie nicht an ihre ›Segnungen‹. Erinnere sie an ihre Stärken, ihre Güte und all die positiven Dinge, die Du in ihrer Beziehung zu ihrem Sohn beobachtet haben magst (sie wird sich schon selbst um die negativen kümmern, darauf kannst Du wetten).

Zweitens: Frage sie, wie es ihr geht. Frage sie, was ihr hilft. Es wird ihr sehr guttun, darüber zu sprechen.

Drittens: Sage nie: ›Ich weiß, wie du dich fühlst.‹ Doch falls auch Du einen Verlust erlitten hast, sage ihr, was Dir geholfen hat. Wenn ihr beide an das Gebet glaubt, sprich ein Gebet für sie.

Viertens: Wenn es Dir nicht viel ausmacht, sage ihr, wie Du Dich fühltest, als du die Nachricht bekamst. Einer meiner Freunde sagte: ›Oh, es ist das Schrecklichste, das ich mir vorstellen kann.‹ Das bestätigte meine Gefühle und konzentrierte sich mehr auf das Ereignis als auf meine Schuld an der ›schrecklichen Sache‹.

Fünftens: Für den Fall, daß sie noch nichts davon weiß, sage ihr, daß es Gruppen wie die Compassionate Friends und die Survivors of Suicide gibt, von denen sie Hilfe und Informationen erhalten kann, die für sie unbezahlbar sein können. Man kann sich bei der örtlichen Mental Health Association nach diesen Gruppen erkundigen (dort hat man die Kontakt-Nummern).

Sechstens: Falls es zu Deinen Gefühlen und eurer Freundschaft ›paßt‹, lade sie ein. Sie braucht nicht zu kommen, um Nutzen daraus zu ziehen. Für mich waren die Einladungen so etwas wie ein Notausgang. Ich wußte, daß sie da waren, falls ich jemals fliehen mußte.

Siebtens (und wahrscheinlich der wichtigste Rat): Richte Dich nach ihr. Wenn sie sprechen möchte, hör zu. Wenn nicht, laß sie in Ruhe. Der einfachste Weg, herauszufinden, was sie möchte, ist, sie zu fragen: ›Wie geht es dir?‹ Wenn sie ›gut‹ sagt und über etwas anderes spricht, dann weißt du, daß die Tür im Augenblick geschlossen ist.«

10. 2. 85 Letzte Woche, bei der Hin- und Rückfahrt zur und von der Konferenz, dachte ich über Emersons Satz nach »Entferne (mein) aufgeblasenes Nichts«. Ich hatte eine schlimme Woche hinter mir, war niedergeschlagen, haderte mit mir selbst und begann mich schließlich zu fragen: »Was macht dich so wichtig? Jims Leben hatte nichts mit deinem zu tun, weshalb sollte seine Entscheidung mit dir zu tun haben?«

Zu Hause angekommen, rief ich Peggy an. Ich verriet ihr meine Gedanken, und sie antwortete: »Ich bin wirklich der Meinung, daß du nichts damit zu tun hattest. Ich glaube, Jim wollte einfach nur nicht mehr weitermachen.« Dieser Satz klang noch Stunden in mir nach, ja, ich höre ihn heute immer noch.

Am nächsten Morgen kam Tom gerade ins Badezimmer, als ich mich meinen Haaren widmete. Ich drückte meine Frustration, meinen Widerwillen über sie aus, drehte mich um und verließ das Bad. Er legte die Hände auf meine Schultern und sagte: »Mit deinen Haaren ist alles in Ordnung. Ich werde sehr froh sein, wenn du dieses Selbstmitleid endlich überwunden hast und wieder du selbst bist. Du hast wirklich kein Recht dazu, weißt du – du hast zu vieles, um das du dich kümmern kannst, um dich selbst zu bedauern.« Das machte mich so wütend, daß mir kein Gegenargument mehr einfiel. Ich zog mich an und ging. Ein oder zwei Tage lang gingen mir seine Worte ständig durch den Kopf. Ich überlegte, was ich antworten würde, wenn ich mich genügend im Griff hatte, um das Thema zur Sprache zu bringen (was heißt, daß ich mir vorstellte, wie ich ihm eins auf den Mund gab, falls ich nicht ruhiger wurde).

Dann, ich weiß nicht, wie, fügten sich allmählich die Teile zusammen, und ich erkannte, daß sie beide recht hatten. Und ich auch. Es ist ein persönlicher Verlust, aber es *war* kein persönlicher Verlust. Die Tiefe meines Kummers ist nur mir allein bekannt. *Ich* war Jims Mutter. Aber Jim hat sein Leben nicht angenommen, und so verlor ich ihn. Er hatte seine eigenen Gründe.

Wie oft muß ich es sagen oder hören, bevor ich es glaube? Manchmal ist es so entmutigend, immer wieder umlernen zu müssen.

Andererseits ist es erst drei Monate (minus sechs Tage) her. Ich würde mich in so kurzer Zeit nicht umjustieren lassen, selbst wenn ich es könnte (was ich bezweifle). Wie die Filmtitel andeuten, gibt es Kosenamen; Abkommen, die die Liebe erfordert; und dazu gehört, daß derjenige, den man liebt, mit einem Teil von einem selbst ausgestattet ist. Jims Tod war nicht nur sein, sondern auch mein Tod. Und beide fordern Ernst und Nachdenklichkeit. Die Schwierigkeit besteht darin, daraus nicht Kummer um des Kummers willen werden zu lassen; die liebende Trauer, die sich in Zurschaustellung und Selbstmitleid verwandelt. Es gibt ein anderes Wort für Zärtlichkeit – Respekt für Jim und für mich. Die Dinge, die ich unter meiner Schuld zusammenfasse, wurden ihm fortgenommen. Indem ich derart wichtig wurde, setzte ich ihn herab.

Gegen Ende der Woche bekam ich einen Brief von meiner Nichte Vona. Ich glaube nicht, daß sie über das Gespräch, das ich mit Peggy geführt habe, Bescheid wußte; aber sie befindet sich offensichtlich auf der gleichen Wellenlänge. Ich habe ihr eine Kopie dieses Tagebuchauszugs geschickt, und ihr Brief bezieht sich teilweise darauf. Sie schrieb:

»Ich war überrascht, den Abschnitt über meinen Dad darin zu finden. Mir gefällt die Art, wie Du darüber sprichst, Deine Arbeit wiederaufzunehmen. Es ist so schwer zu beschreiben. Als Papa starb, hatte ich das Gefühl, daß ich nie mehr würde gehen können, wenn ich jetzt nicht aufstünde und zur Arbeit ginge. Es überrascht mich immer noch, wie Menschen es fertigbringen, genau das Richtige oder genau das Falsche zu sagen, wenn sie versuchen, einem zu helfen. Wie ich Deinem Tagebuch entnehme, scheint bei Dir eher ersteres der Fall zu sein… Ich bin froh, so erzogen worden zu sein, wie ich erzogen wurde. Ich gehöre zu den wenigen Menschen in meinem Bekanntenkreis, die ihre Kindheit und das, was sie durchgemacht haben, nicht hassen.

Ich möchte nicht nur mit Dir, sondern auch mit Mom, Onkel David und vielleicht sogar mit MaMaw darüber sprechen. Es würde Euch allen helfen, Euch weniger schuldig zu fühlen. Es ist normal, sich so zu fühlen. Aber Jim war der einzige, der das, was geschehen ist, hätte verhindern können. Ich habe nicht viel über Selbstmord gelesen. Ich weiß, daß er Signale ausgesandt haben muß. Aber ich habe das Gefühl, daß er sie in eine Richtung gesandt hat, von der er wußte, daß er von dort keine Hilfe bekommen würde. Klingt das logisch? Ihm war klar, daß Mom wissen würde, was los war, also ging er nicht zu ihr. Er wußte, daß Onkel David ihn nicht so gut kannte, um zu erkennen, wie ernst es war. Und wahrscheinlich spürte er, daß MaMaw und PaPaw nicht *zuhören* würden. Ich meine zuhören, nicht hören. Ihm war auch klar, daß Du es wissen und in der Lage sein würdest, ihn daran zu hindern. Deshalb suchte er bei Dir keine Hilfe. Ich bin mir nicht sicher, wann ein Mensch den Punkt erreicht, an dem er weiß, daß ihn nichts mehr aufhalten kann; aber ich spüre, daß Jim an dem Punkt angelangt war. Ich bin so traurig darüber, daß es und wie es passiert ist. So allein, so entschlossen, so unumstößlich. Ich interpretiere das Ende (?) des Briefes genau wie Du.

So, jetzt werde ich von meinem Podest steigen und ruhig sein. Laß Dich nicht unterkriegen, bleib am Ball, und was dergleichen Sprüche sonst noch sind.

Hier ist eine Erinnerung, die mich immer lächeln läßt: das Weihnachtsfest, an dem Johnny und Jimmy beschlossen, Pa-Paws Kopf als Rennbahn zu benutzen, und der Wagen in seinem Haar steckenblieb.

Liebe, *Vona*«

15. 2. 85 Peggy schrieb mir von dem Fernsehfilm *Surviving*, der von zwei Familien handelt, deren Kinder (beide noch jugendlich) Selbstmord begangen hatten. Ich kommentierte verschiedene Stellen, dann sagte ich: »Er machte deutlich, daß es Unterschiede zwischen dem Selbstmord eines Teenagers und dem eines Erwachsenen gibt. Ich kann noch nicht den Finger drauflegen – es ist eher ein Gefühl als ein wohldurchdachter Gedanke.

Ich nehme an, es hat hauptsächlich mit dem größeren Hang des Teenagers zum Melodramatischen und zum Trotz zu tun. Ich glaube, es gibt einen größeren Prozentsatz von ›Ich werde dafür sorgen, daß sie traurig darüber sind, wie sie mich behandelt haben‹ bei den Selbstmorden der Teens. Bei Erwachsenen scheint der Selbstmord mehr mit Verzweiflung und einer grausamen Selbstkritik zu tun zu haben, die beide stärker werden, als sie tolerieren können oder wollen. Vielleicht liege ich falsch, aber es scheint da einen Unterschied zu geben. Ich denke, das erklärt teilweise, weshalb Teenager-Selbstmorde gehäuft auftreten – das Melodrama wird erhöht. Der Selbstmord bei Erwachsenen nimmt im Frühling zu – einer Zeit der Hoffnung, in dem der Mangel daran schmerzlich (vielleicht unerträglich) offensichtlich wird.«

25. 2. 85 Jetzt fügen sich die Gedanken zusammen. Gedanken von Verschwendung, Dummheit, Egoismus – von all jenen Dingen, die Jim nicht durch sein Verhalten, sondern durch seine Tat darstellte.

Dort, im Zentrum, ist das Selbst. Das Selbst tötete Jim. Das einzige Selbst, das ihn damals interessierte. Es ist so ungerecht – für ihn, für mich, für all jene, die sein anderes Selbst liebten, die vielleicht sogar jenes Selbst liebten.

Wie konnte mein Sohn *nicht* an mich denken? Vor die gleiche Entscheidung gestellt, dachte ich an ihn. Ich versuche, eine Antwort darauf zu finden. Ich sage, daß er in jenem Augenblick, in seinem seelischen Schmerz, nur an sich denken konnte. Aber das reicht nicht. Wir sind in der Wirklichkeit der anderen geerdet. Wir werden wir selbst in den Spiegeln der allgemeinen Existenz; wir werden durch unsere Schritte gegen andere und gemeinsam mit anderen geschliffen; durch die Reibung.

Es ist nur so, daß Jim dort, in jenem Sumpf der Verzweiflung, kundtat, daß nichts und niemand eine größere Rolle spielte als sein erdrückendes Elend. Die ganze Welt der Möglichkeiten wurde zurückgewiesen. Nicht für ihn: der Kampf um die Sinnfindung. Nicht für ihn: sich jeden Tag die Arbeit zu machen, zwischen Gut oder Böse, Risiko oder Sicherheit, Freundlichkeit oder Arglist zu entscheiden. Nicht für ihn: die Verantwortung der Liebe, Kreativität, des Zeugens.

Was er tat, wird mich jeden Tag meines Lebens schmerzen. Was er tat, fügte mir das größte Leid zu, das ich mir vorstellen kann. Was er tat, hat andere verletzt, die ich liebe, und einen Riß erzeugt, der eines Tages vielleicht verheilt sein wird, aber niemals für jene von uns, die daran beteiligt waren. Da gab es Dinge. Geheimnisse. Dinge, die man am besten ignorierte; tolerierte Dinge, die jetzt allzu offensichtlich sind. Wenn ich an all die Jahre zurückdenke, in denen ich mich verstellen mußte, werde ich wütend. Weil ich weiß, daß es eine Täuschung sein wird. Pandoras Büchse ist geöffnet.

Es war nicht richtig von Jim, das Gleichgewicht zu stören. Wenn ihm das Spiel so unerträglich war, weshalb spielte er dann nicht ein anderes? Vielleicht kann das niemand – von einem Spiel zum anderen springen, meine ich. Aber man kann sich bewaffnen, die Regeln erlernen, Zeit erkaufen, Bündnisse eingehen, andere Spiele ausprobieren, damit man neue Muster sieht usw., usw. Weshalb war Jims Phantasie so beschränkt? So viele meiner Phantasievorstellungen wurden Wirklichkeit. Weshalb konnte er sich nicht lange genug in eine Phantasie flüchten, um sich zu retten? Weshalb konnte er sich nicht entschließen, einfach den Daumen herauszustrecken und zu sehen, wie weit und wie schnell er damit vorankam? Weshalb konnte er nicht einen Brief hinterlassen, in dem stand: »Da Du nicht von hinter meinem Rücken verschwinden willst, bringe ich ihn in angenehmere Gegenden«?

Wie konntest du nur so dumm sein, Jim? Wie konntest du dein Leben derart verschwenden? Wie konntest du mir derart weh tun? Besteht dein Fegefeuer darin, mich zu beobachten? Ich hoffe es.

5. 3. 85 Ich schrieb Peggy und erinnerte sie an einen Vorfall, der stattfand, als Jim sechs oder sieben Jahre alt war. Ich hatte ihm vom Weihnachtsmann und der Zahnfee und all den anderen Gestalten erzählt. Kurz danach verlor er einen Zahn und fragte mich, was er in dieser Sache unternehmen solle. Ich schlug ihm mit einem Zwinkern vor, daß er ihn wie gewöhnlich unter das Kopfkissen legen solle. Ich würde die Nachricht weitergeben.

Dann vergaß ich es vollkommen. Am nächsten Morgen trank ich gerade Kaffee, als er hereinkam, den Zahn hochhielt und sagte: »Mann, die blöde alte Zahnfee hat es diesmal echt vergessen.«

Ich mußte mich beherrschen, um nicht herauszuplatzen, und sagte: »Wir wollen ihr noch eine Chance geben. Du gehst wieder schlafen, und ich werde sie anrufen.«

Ein paar Minuten später schlich ich mich auf Zehenspitzen in sein Zimmer. Er lag in seinem Bett, die Augen fest geschlossen. Ich nahm den Zahn, legte das Geld unters Kissen und schlich wieder hinaus. Kurze Zeit später kam er triumphierend heraus, hielt die Beute hoch und sagte: »Hey, sie hat es doch noch geschafft!«

Ich schrieb meiner Schwester: »Manchmal kann ich nicht glauben, daß er nicht mehr da ist. Daß sein Grund ihm Grund genug war. Wie kann es sein, daß er keine andere Möglichkeit sah, wo die Welt doch voll davon ist und es so viel Schönes gibt?«

Richard Anderson schreibt in seinem Buch *I Never Sang for My Father:* »Der Tod beendet ein Leben, aber nicht die Beziehung, die im Kopf des Hinterbliebenen um eine Lösung kämpft, die sie vielleicht niemals finden wird.«

Ich hatte das Gefühl, als hätten wir noch so viel Zeit für unsere Lösung. Ich wollte über unsere Beziehung schreiben; dichterisch verarbeiten, was wir taten und wie wir aussahen; wollte versuchen, das Wesen unserer Liebe und unseres Widerstreits in Worte zu fassen. Jim würde es lesen und meinen Standpunkt erkennen und die Genauigkeit meiner Vorstellung von seinem Standpunkt aus beurteilen. Ich war zurückhaltend, dachte aber daran, es eines Tages bestimmt zu tun. Eigentlich tut es mein Tagebuch, aber es ist wirklich nur ein flüchtiger Blick, von Trauer überschattet. Weshalb bin ich die Überlebende, die um eine Lösung kämpft, die sie vielleicht niemals finden wird?

8. 3. 85 Ich muß dir einiges sagen, Jim. Vielleicht willst du es nicht hören, vielleicht doch. Aber ich muß es loswerden. Für dich, von mir:

Gestern habe ich mir einen Film über den Zweiten Weltkrieg angeschaut und mir, wie schon häufig, gedacht, daß ich deinen Tod leichter hätte ertragen können, wenn du im Krieg ums Leben gekommen wärst. Ein Teil von mir stellte das anfangs in Frage und sagte: »Nein, der Tod eines Kindes ist der Tod eines Kindes.« Nun, ja... und nein.

Wenn du im Zweiten Weltkrieg gefallen wärst, hätte ich den Deutschen oder den Japanern die Schuld geben können. Wenn du in Korea umgekommen wärst, hätte ich die Kommunisten oder die Nordkoreaner verantwortlich machen können. Wenn du in Vietnam ums Leben gekommen wärst, hätte ich den Vietkong oder unserer Regierung die Schuld zuschieben können. Wenn du in einem Autowrack gestorben wärst, hätte ich das Schicksal oder den anderen Fahrer dafür verantwortlich machen können. Wenn du an einer Krankheit gestorben wärst, hätte ich dem Arzt oder Gott die Schuld daran geben können.

Aber so, wie du gestorben bist, Jim, kann ich nur dir oder uns die Schuld geben. Ich habe uns schon die Schuld gegeben – vielleicht werde ich es immer tun. Aber jetzt ist die Zeit gekommen, wo ich dich dafür verantwortlich machen kann.

Dein Leben war keine Verschwendung, Sohn – nur die Art, wie du es beendet hast. Du hast mir sehr viel Freude geschenkt. Du hast mich mehr über die Liebe gelehrt als jeder andere, den ich kenne, denn meine Liebe zu dir entwickelte sich mit uns.

Ich bin nicht der einzige Mensch, der dich liebte. Und wenn du mich hören kannst und wenn du dich schuldig fühlst, dann sei es. Wenn ich es ertragen kann, kannst du es auch.

Ich bin von dir enttäuscht. Ich war schon früher manchmal von dir enttäuscht – wahrscheinlich weniger, als du glauben würdest. Jetzt bin ich enttäuscht, weil du dein Leid nicht ertragen konntest. War es denn so viel größer als das Leid der anderen? War es so groß oder so einmalig, daß du das Recht hattest, es uns aufzubürden?

Du hast nicht daran gedacht, das weiß ich. Aber ich möchte wissen, weshalb! Was gab dir das Recht, das Leben zu beenden, das ich dir schenkte, und mich deiner Zukunft zu berauben? Kinder gehören nicht ihren Eltern? O doch, das tun sie. Wir alle gehören jenen Menschen, die uns lieben und zeugten. Nur ein Teil von uns gehört uns selbst.
Ich liebe dich, Jim. Ich habe dich immer geliebt und werde dich immer lieben. Als du ein kleiner Junge warst, hast du mich oft wütend gemacht. Und du hast mich jetzt wütend gemacht. Ich muß an die Frau denken, deren Mann Selbstmord begangen hat. Sie lief weinend im Haus umher und schrie: »Wenn du nicht schon tot wärst, würde ich dich für das, was du mir angetan hast, umbringen!« Nun, ich würde dich nicht umbringen, aber ich würde dich windelweich schlagen, mein wunderschöner, geliebter Sohn.

11. 3. 85 Manchmal stelle ich mir den Kummer als einen Fels vor, und all die hilfreichen Bemerkungen, all die liebevollen Augenblicke mit Freunden und der Familie, all die guten Erinnerungen, all die Ziele und Zwecke, die von ihm herrühren, sind wie Wasser; langsam tropfendes Wasser, das den Fels zuerst glättet und dann abträgt. Die Zeit ist zu kurz, um den Fels vollkommen abzutragen, doch die Erosion genügt.

5. 5. 85 Ich habe eine ruhige Zeit hinter mir. Zeit, die ich brauchte, um einfach nur nachzudenken, ohne meine Gedanken zu prüfen oder in Worte zu fassen. Einiges ist geschehen. Ein Freund starb, ein anderer bekam einen Sohn. Wie unpersönlich diese persönlichen Ereignisse erscheinen – Zyklen von Leben und Tod, die einfach geschehen. Die Arbeit geht weiter, aber der Sinn liegt einzig und allein im Handeln.

Letzte Nacht träumte ich von Jim. Ich habe sein Grab besucht, es sah anders aus als in Wirklichkeit. Alles befand sich über dem Erdboden, wie die Gräber in New Orleans. Ich konnte Jim sehen. Ich saß da und beobachtete ihn, bis er sich langsam aufsetzte und die Augen öffnete. Ich konnte ihr einzigartiges Grünbraun sehen, als er lächelte. Dann verwandelte er sich. Er wurde immer jünger, sein Schnurrbart verschwand, sein Haar wurde erst länger, dann kürzer. Sein Gesicht wurde voller, und ich erkannte jedes Alter, während er weiter lächelte. Schließlich war er ein Jahr alt und streckte die Arme nach mir aus. Und ich drückte ihn an mich und preßte ihn gegen meine nackte Haut; seinen weichen, glatten Körper gegen meinen. Ich spürte sein seidiges Haar, seinen Mund an meiner Brust, und dann eine orgiastische Ekstase, als wir, ein weiteres Mal, eins wurden.

Ich bewahre sein Leben in mir. So vieles in den vergangenen Monaten war ein Erkunden seiner letzten Lebensjahre gewesen. So vieles eine Analyse – ich habe ihn, mich und die Rollen analysiert, die andere Statisten in seinem Leben spielten. Aber es gibt so viele Erinnerungen, so viele Portraits, und allmählich zeigt sich, daß ich nur einen kleinen Teil des Ganzen gesehen habe.

Schließlich war ich an dem Punkt angelangt, an dem ich wissen wollte, was er am letzten Tag seines Lebens zu David sagte. Es war nicht wirklich überraschend. Die meisten Probleme, die an ihm nagten, waren bekannt. Sie hatten mit meinem Vater und Jims Frustration zu tun. Er hatte zu David gesagt, es wäre ihm lieber gewesen, ich hätte mich nicht von Garland getrennt und ihm, Jim, ein normales Familienleben geboten. Das verriet mir nur, daß er mit dem Bauch dachte statt mit dem Kopf. Er hat selbst einmal zugegeben, daß es mir unmöglich war, mit seinem Vater zu leben, und daß es, wenn wir zusammengeblieben wären, kein »normales Familienleben« gegeben hätte. Er hat mich sogar damit aufgezogen und gesagt: »Ich kann mir beim besten Willen nicht vorstellen, weshalb du ihn geheiratet hast. Du bist so anständig, und er ist so ein wilder Mann.« Ich hatte mich bereits durch das Schuldgefühl hindurchgearbeitet, ihn jenes (illusorischen) Heimes beraubt zu haben, indem ich mich vor vierundzwanzig Jahren von Garland scheiden ließ. Also traf es keinen besonders empfindlichen Nerv.

Jim sagte David auch, daß er sich nicht sicher sei, ob er zu Tom und mir ziehen solle; daß er nicht wüßte, ob er willkommen wäre. Auch das besitzt seine Wirklichkeit und seine Verzerrung. Ich hatte ihn eingeladen. Und er wußte, daß ich es zuerst mit Tom abgeklärt habe. Er wußte auch, daß wir, wenn er uns von der Alternative erzählt hätte, die ihm im Kopf herumging, alles in unserer Macht Stehende getan hätten, um ihm zu helfen. Die Realität ist, daß er fünfundzwanzig Jahre alt war und noch nie bei uns gewohnt hatte; daß er sechzehneinhalb Jahre alt gewesen war, als wir heirateten, und daß seine Beziehung zu Tom eher einer Freundschaft als einem Stiefvater-Stiefsohn-Verhältnis glich.

Ich versteifte mich eine Zeitlang auf die Dinge, die David hätte unternehmen können. Doch dann wurde mir klar, daß er das Bestmögliche getan hatte; das Beste, das Jim zugelassen hat. Er sagte: »Ich glaube, Jim hat mich ausgesucht, weil er wußte, daß ich mich erinnern würde. Er gab mir Puzzlesteine, damit ich sie später für euch und die anderen Menschen, die er liebte, zusammensetzte.« David erkannte die Rolle eines jeden an, schloß jedoch: »Jim ist der einzige, der Blut an den Händen hat.« Amen.

Kapitel 12

Familien und
Vergebung

Ich habe eine Neuigkeit für Sie: Selbstmord kommt auch in
»gesunden« Familien vor. Die Depression kümmert sich weder um das Alter noch um die Umstände. Deshalb kann ihre
äußerste Auswirkung in jeder Art von Familie stattfinden.
Wir möchten gerne glauben, daß Selbstmord nur in »kran-
ken« Familien vorkommt. Doch wir stützen diese Vorstellung auf eine Familie, die unter den schmerzlichen Nachwirkungen leidet. Manchmal ähnelt es einem Ei-Henne-Streit.
Was war zuerst da, das Chaos oder der Selbstmord?
Doch ich kann Ihnen verraten, daß ein Selbstmord nicht viel
für den Familienzusammenhalt tut. Manche Familien versuchen die Krise gemeinsam zu bewältigen, die meisten nicht.
Sie können es sich als die Umkehrung von Tolstois berühm-
tem Satz vorstellen: »Alle glücklichen Familien gleichen sich,
aber jede unglückliche Familie ist auf ihre eigene Art unglücklich.« Es gibt eine große Familienähnlichkeit bei den meisten
(unglücklichen) hinterbliebenen Familien. Sie ähneln sich in
ihrem Schuldgefühl, dem Vorwurf und der fehlgeleiteten
Wut. Ihnen ist ein Gefühl von Verlassenheit gemeinsam und
ein leidenschaftliches Verlangen danach, nicht mehr damit
konfrontiert zu werden – selbst wenn das bedeuten sollte, die
anderen Hinterbliebenen von sich zu stoßen. Sie breiten all-

zuoft einen Mantel des Schweigens über den Selbstmord; es ist eine Verschwörung, die sie auf unzählige Arten durchsetzen. Oft erlegen sie sich jahrelanges Schweigen auf.

Therapeuten geben oft ein bequemes Ziel für diese negativen Gefühle ab. Deshalb ist Selbstmord auch der häufigste Grund für einen Fahrlässigkeitsprozeß gegen Mitglieder psychiatrischer Berufe. Ich möchte Ihnen sagen, daß ich, obwohl ich einige Vorteile habe, wenn es darum geht, was als erstes beachtet werden muß, a) keine Glaskugel besitze; b) nicht allmächtig, und c) mir überaus bewußt bin, daß ein Mensch, auch wenn er des öfteren signalisiert hat, daß er mit dem Gedanken an Selbstmord spielt, ihn häufig ganz spontan verübt, und zwar so, daß niemand eingreifen kann.

Und natürlich werden Freundinnen, die Rockmusik oder Medikamente dafür verantwortlich gemacht. Typisch ist auch, daß sich die Eltern wenigstens zeitweise die Schuld zuschieben. Jede alte Wunde platzt erneut auf, jedes Kommunikationsproblem wird aufgebauscht. Es überrascht nicht, daß sich die betroffenen Paare häufig scheiden lassen oder trennen. Was überrascht, ist, daß dies nicht immer der Fall ist.

Wie ich bereits erwähnte, herrscht bei den Hinterbliebenen oft Stillschweigen. Sie haben jahrzehntelang schweigend gelitten und sind kaum fähig, den Selbstmord, geschweige denn ihre diesbezüglichen Gefühle anzuerkennen. Stellen Sie sich, wenn Sie wollen, vor, wie sehr sich das auf die zerbrechlichen Kommunikationsleitungen auswirkt, die uns mit anderen verbinden. Wenn wir niemals mit unserem Vater, unserer Mutter, dem Bruder, der Schwester, dem Ehepartner oder dem Kind über das schmerzlichste, zutiefst empfundene Ereignis unseres Lebens sprechen, wie können wir dann für sie »wirklich« sein? Sie werden wie jeder Fremde nur unsere Oberfläche sehen, und so wird wahre Vertrautheit mit ihnen unmöglich.

Die Hinterbliebenen könnten beschließen, sich seelisch entweder völlig oder teilweise abzuschotten. Was zur Folge haben kann, daß sie sich entweder von jedem Familienmitglied abblocken oder sich einfach von den Menschen zurückziehen, die sie als besonders problematisch betrachten. Ich halte ersteres für potentiell gefährlich, während das zweite zeitweise sehr angebracht sein kann, besonders, wenn jene Beziehung stets schwierig gewesen ist. Die Aufarbeitung alter Probleme verbraucht Energie; und diese Energie kann nicht nur gering sein (besonders in den ersten Jahren), sondern besser auf etwas verwandt werden, dem der Hinterbliebene eine größere Priorität zumißt: beispielsweise sich selbst zu heilen, die nächste Generation aufzuziehen oder anderen Hinterbliebenen zu helfen.

Der Entschluß, sich von einem Teil der Familie zurückzuziehen, kann später wieder aufgehoben werden, aber wir sollten uns daran erinnern, daß man für ein Gespräch zwei Personen braucht. Nur weil ein Gesprächspartner wechselt oder wächst, heißt das noch lange nicht, daß die andere Partei gleichgezogen hat. Und niemand kann Sie schneller verrückt machen als Ihre Familie. Schon wieder diese Ambivalenz. Wenn ein Hinterbliebener beschließt, seine Abschottung aufzuheben, wäre er gut beraten, wenn er sich mit »Gletschergeschwindigkeit« bewegen würde, wie ein Freund es nennt, das heißt, millimeter- und nicht zentimeterweise. Und er sollte darauf vorbereitet sein, daß er gegenüber den nicht so sehr geliebten Menschen sehr, sehr geduldig sein muß.

Jemand sagte einmal, ein Selbstmörder hinge sein Skelett in anderer Leute Schränke. Ich glaube, das stimmt. Dieses Skelett ist um so lästiger, wenn schon andere Skelette im Schrank hängen. Falls dies der Fall sein sollte und es schon vorher gewalttätige oder schmerzliche Elemente in der Beziehung gab, hat niemand das Recht, vorzuschreiben, man solle anderen vergeben. Ich kann Ihnen nicht sagen, wieviel Schaden ich Menschen habe anrichten sehen, die anderen rieten, sie sollten vergeben. Was auch immer das Vergehen sein mag: Inzest, Überfall, seelische Grausamkeit oder Selbstmord – es liegt am Überlebenden, ob er die Schmach vergeben will. Sie kennen die Tugenden der Vergebung; aber sie wissen auch, ob sie dazu bereit sind.

Wenn mir beispielsweise jemand sagt, daß ich meinem Vater seinen Beitrag an Jims Selbstmord vergeben muß, gehe ich sofort an die Decke. Danach kommen dann die Schuldgefühle. Ich bin wütend, weil dieser Jemand derart anmaßend ist. Wenn er alle Fakten kennen würde, hätte er meine heftigen Gefühle nicht so rasch verurteilen können. Würde er in meiner Haut stecken, wäre er wahrscheinlich ebenso rachsüchtig wie ich. Und wenn er meine Zurückhaltung gesehen hätte, die ich zur Schau gestellt hatte, weil sie nicht zu zeigen bedeutet hätte, den Schaden zu vergrößern, den Jims Selbstmord meinem Vater und dem Rest der Familie angetan hat, könnte sich dieser Jemand sogar über die tiefe Güte wundern, die diese Zurückhaltung darstellt.

Andererseits fühle ich mich schuldig, wenn man mir sagt, ich solle meinem Vater vergeben, weil ich weiß, daß ich noch nicht soweit bin. Ich würde es gern können, da ich von einer Tradition durchdrungen bin, die Vergebungsbereitschaft als tugendhaft betrachtet. Die meisten Amerikaner teilen diese Einstellung, auch wenn sie möglicherweise nicht die Tugend teilen. Deshalb ist es eine Falle, sie einem Überlebenden vorzuschreiben. Schikane, aus welchem Grund auch immer sie geschieht, schadet der Selbstachtung. Und wenn einem dann noch vorgeschrieben wird, etwas zu tun, das einem nicht möglich ist, dann ist ein weiterer Verlust der Selbstachtung garantiert.

Es ist, gelinde ausgedrückt, nicht gerade hilfreich.

Ich habe keine Ahnung, wie sehr mein Vater sich verantwortlich fühlt. Nach Jims Tod hörte ich aus den Worten
meines Vaters nichts heraus, was darauf hindeutete, daß er
sich schuldig gefühlt hätte. Aber ich glaube, irgendwo in
seinem Innern weiß er, daß er mitverantwortlich ist. Das
einzige, was meine Mutter mir darüber sagte, stand in einem Brief. Sie schrieb: »Wir haben ihn so geliebt, aber irgendwie haben wir ihn vernachlässigt. Das bricht uns das
Herz...«

Ich wollte ihr helfen. Zum Teil, weil sie meine Mutter war,
und zum Teil, weil es meine Natur ist, Menschen zu helfen,
ganz gleich, in welcher Beziehung ich zu ihnen stehe. Ich
schrieb zurück:

Ja, ich glaube, wir haben Jim vernachlässigt. Ich habe mich
monatelang mit dem Gedanken gequält, auf welche Weise
ich ihn vernachlässigt habe. Aber Jim hat auch uns und sich
selbst vernachlässigt. Er brauchte diese Entscheidung nicht
zu treffen. Er brauchte sein Elend nicht zu umarmen. Wir
alle müssen unseren Selbstzerstörungstrieb bekämpfen,
wenn wir nicht verrückt werden wollen. Jim bekämpfte ihn
nicht – er trieb ihn auf die Spitze –, und dafür ist *er* verantwortlich. Es war *seine* Entscheidung. Wir hätten uns niemals so entschieden.
Manchmal bin ich auf Euch beide wütend. Manchmal bin
ich auf seinen Vater und seinen Stiefvater wütend. Aber die
meiste Zeit bin ich auf mich selbst wütend. Jetzt fange ich
an, auf Jim wütend zu sein. Eine Wut, die mit Bedauern
versetzt ist. Ich möchte nicht wütend sein. Ich würde alles
dafür geben, wenn Jim statt der Wut da wäre. Aber ich
weiß, daß er fort ist; und damit kann ich mich nicht abfinden. Das macht mich am wütendsten – daß ich mich nicht
mit etwas abfinden kann, was mich so beeinträchtigt, und

daß ich in der Sache nicht das letzte Wort hatte. Als mir bewußt wurde, daß Jim nicht mehr lebte, war er tot.

Wenn Jim das, was wir getan haben oder zu tun versäumten, unerträglich fand, hätte er es uns sagen sollen. Man kann nicht etwas korrigieren, von dem man nichts weiß. Niemand kann Gedanken lesen. Es wäre mir lieber gewesen, wenn man mir gesagt hätte, ich solle mich zur Hölle scheren, als versuchen, herauszufinden, was Jim mir mit seiner Tat sagen will. Ich weiß, daß ich ein gestrengerer Richter bin, als er es gewesen wäre. Deshalb glaube ich auch, daß mich seine Anklagen weniger verletzt hätten als meine.

Kapitel 13

Umherschweifen

Kann ich behaupten, ein gebildeter Mensch zu sein? Ich denke, das ist nur ein Tatbestand, der sich aus fünfeinhalb Jahren College, vier Jahren auf der medizinischen Fakultät und einer vierjährigen Assistentenzeit ergibt, in der ich des öfteren die Schulbank drückte.

Was nicht heißen soll, daß ich mich noch an den ganzen Lehrstoff erinnern kann. Es bedeutet nur, daß ich weiß, wo ich nachschauen muß. Das ist der wahre Segen einer höheren Bildung: Man lernt, wo und wann man nachschauen muß.

Was mir einen gewissen Vorteil verschafft. Aber ein noch viel größerer Gewinn besteht in dem, was jemand eine »Toleranz für die Mehrdeutigkeit« genannt hat. Manche Menschen besitzen sie, andere nicht. Ich besitze sie im Übermaß.

Unter Mehrdeutigkeit versteht man, daß etwas unsicher oder vage ist und zwei oder mehrere mögliche Bedeutungen hat. Ich könnte zum Beispiel sagen, die Tatsache, daß ich Psychiaterin bin, sei für mein Bewußtsein verantwortlich, daß nur weniges vollkommen ist. Aber ich glaube, in Wahrheit bin ich Psychiaterin geworden, weil ich schon vorher dieser Meinung war. Man muß so denken, oder man ist niemals in der Lage, das Durcheinander im Leben der Menschen zu tolerieren; die Art und Weise, wie sie sich in einer Sekunde lieben und in der nächsten hassen. Ohne so zu denken, würde man sich nicht auf dieses Gebiet begeben.

Die Mehrdeutigkeit zu tolerieren bedeutet, die Dinge so zu nehmen, wie sie kommen, und nicht vorauszusetzen, daß sie so bleiben, wie sie sind, oder daß sie immer so waren. Die Dinge sind nur in dem Augenblick so, wie sie sind, in dem Sie sie untersuchen. Der Versuch, alles folgerichtig erscheinen zu lassen, hat wenig Sinn – damit einem das gelingt, muß man etwas draußen lassen. Das Beste, was wir tun können, ist, zu einem Durchschnittswert zu gelangen, was wiederum bedeutet, daß eine Situation oder Person sich in einer bestimmten Art und Weise öfter zeigt als in einer anderen.

Beides – meine Bildung und meine Toleranz gegenüber der Mehrdeutigkeit – bedeutet, daß ich, als ich meinen Sohn durch Selbstmord verlor, wußte, wo ich nachschauen mußte und wie ich das, was ich fand, zu den ihnen eigenen Bedingungen akzeptieren konnte.

Tom zieht mich immer damit auf, daß ich der einzige Mensch sei, der nicht nur sage, daß er Gedichte liebe, sondern sie auch wirklich lese. Vor nicht allzulanger Zeit erwähnte ich etwas, das ich an jenem Tag bei Wordsworth gelesen hatte, worauf mein Tischnachbar nur grinste und fragte: »Halten Sie es für *normal*, Wordsworth zu lesen?«

Die Poesie half mir, als Jim starb. Ich habe jene Gedichte, die mir sehr viel bedeuten, bereits zitiert, aber vielleicht sind es nicht die, die Ihr Herz rühren. Ich glaube, wir finden das, was wir brauchen. Vielleicht haben Sie, als Sie litten, einen Gedichtband zur Hand genommen und ihn durchgeblättert, bis Sie etwas zu jenem Gedicht führte, das Sie lesen mußten. Sie müssen entschuldigen, wenn sich das geheimnisvoll anhört, aber für mich ist es geheimnisvoll.

In meinem Tagebuch hat sich einiges angesammelt. Es sieht zwar wie ein Mischmasch aus, ist aber genau die Mischung, die ich brauche. Da gibt es Humoriges von Mark Twain, Gedanken und eine Gedichtauswahl von einem Freund, eine Reihe von Zeitungsartikeln, die Walt Menninger mir über die Compassionate Friends schickte, Übersetzungen aus den Heiligen Schriften der Buddhisten, Auszüge aus Karl Menningers Buch *Love Against Hate*, die Korrespondenz mit Freunden samt meiner Antwort, Aufzeichnungen von Träumen, die ich hatte, einmal von mir interpretiert oder auch nicht, sowie Gedanken, die mir kamen, als ich C. S. Lewis' Bericht über den Tod seiner Frau las und wie es ihm langsam dämmerte, daß er ihre Gegenwart nur spüren konnte, wenn er aufhörte zu trauern.

Zu den Briefen, die ich in mein Tagebuch übertrug, gehört auch der von Karl Menninger. Er war einer jener »Freunde«, denen ich meinen Brief und das Gedicht schickte. Ich erwähnte in einem Nachsatz, daß sein Buch mir geholfen habe. Er schrieb zurück:

»Ich bin froh, daß Sie mir das geschrieben haben. Es ist für mich sehr tröstlich, zu wissen, daß ich Ihnen in dieser Krise geholfen habe. In Ihrer Reaktion zeigt sich Ihre tiefe Menschlichkeit. Ihr Gedicht war sehr, sehr beredt; eines der anrührendsten, das ich jemals las.

Schreiben Sie mir nach einer Weile mal wieder und berichten Sie mir, was Sie tun. Sie wissen, daß Sie etwas tun müssen. Sie *werden* etwas tun, kleinere Dinge. Sie werden größere Sachen tun, als Sie denken.

Ich respektiere die Würde Ihres Leids, die sich in Ihrem Brief wiederspiegelt, und ich werde jetzt ruhig sein. Aber ich bin immer da. Und ich werde an Sie denken. Kommen Sie vorbei, wann immer Sie möchten.«

Ich war sehr glücklich über diesen Brief, wie ich stets froh darüber bin, »Dr. Karl« zu kennen.

Doch um noch einmal auf die Werke C. S. Lewis' zurückzukommen – ich versuchte seine Methode, die Trauer zu beenden und die Gegenwart des »Verlorenen« einziehen zu lassen. Sie funktionierte und sollte sich als recht prosaisch erweisen. Eines Morgens konnte ich keine Fasson in mein Haar bringen und sagte: »O Jim, was soll ich jetzt machen?« Und es kam mir vor, als lege er den Arm um meine Schultern, während er lachend antwortete: »Haare sind nicht alles, Mom.« Worauf ich spottete: »Du hast leicht reden.« Dann drehte ich mich um und entdeckte Tom, der verwirrt aussah. Ich sagte: »Ich rede mit Jim.« Er erwiderte: »Gut«, und las weiter.

David hatte zwei Erlebnisse, die beide unerklärlich und (wenigstens in einem Fall) erschreckend waren. Einmal besuchte er Jims Grab, um Unkraut auszurupfen und einen kleinen Stechpalmenbusch zu pflanzen. Als er mit seiner Frau Lynda zum Wagen zurückging, duftete dieser nach Blumen, obwohl sich keine einzige Blüte darin befand. Er sagte zu seiner Frau, er glaube, daß Jim sich bedanken würde, und Lynda pflichtete ihm bei. Ein anderes Mal badete er gerade, als er plötzlich das Gefühl hatte, Jim sei ins Bad spaziert, hätte sich hingesetzt und wolle unbedingt mit ihm sprechen. David sagte mir, es wäre derart unheimlich gewesen, daß er ganz nervös geworden sei und gesagt habe: »Jim, ich verstehe, daß du etwas mit mir besprechen willst, aber es macht mir schreckliche Angst.« Er erzählte, daß Jim unverzüglich das Bad verlassen habe und niemals wiedergekommen sei. Er entschuldigte sich bei mir und sagte: »Du würdest bestimmt gerne wissen, was er mir hat sagen wollen, aber es war einfach zuviel für mich.« Ich sagte ihm, es sei in Ordnung, und das war es auch.

Gleich nachdem er es mir erzählt hatte, schrieb ich in mein Tagebuch:

Ich empfinde die Erfahrung meines Bruders als tröstlich. Obwohl ich »Gründe« dafür anführen könnte, werde ich es nicht tun. Es ist eine Tür, die ich offenlassen möchte. Was, wenn es dort eine andere Realität gibt als diejenige, die ich kenne? Was, wenn es Entfernungen im Tod gibt? Vielleicht ist es dem geliebten Mensch möglich, nahe genug zu sein, um die unsichtbare Barriere zu berühren und einen Widerhall zu erzeugen, der einen von uns erreicht. Vielleicht könnte ich es auch spüren, wenn ich mich meines Zweifels und meines Schuldgefühls entledigen würde. Vielleicht habe ich es schon in jenen Träumen gespürt, in denen Jim mir versicherte, daß es ihm gutgehe. Vielleicht sind Zeit und Tod nur Wach-Illusionen, und das Unterbewußtsein sieht die Dinge so, wie sie wirklich sind: Vergangenheit, Gegenwart und Zukunft vermischt; Tote und Lebende gleichzeitig existent.

Ich hatte das intensive Gefühl, daß Jim mich ein paarmal in meinen Träumen besucht hat. Einige Jahre später schickte mir ein Kollege ein Buch von Marie-Louise von Franz mit dem Titel *On Dreams and Death*. Es ist eine faszinierende Beschreibung jener Träume, die einen Tod ankündigten, und von Träumen, die einen Menschen darüber informierten, daß jemand gestorben ist, der oft eine halbe Welt entfernt lebte. Die Autorin, eine Jungsche Analytikerin, deutet diese Träume mit Hilfe von Begriffen aus Jungs Theorie, die besagt, daß zugleich mit unserem zeitlichen und körpergebundenen Universum ein zeitloses (und deshalb ewiges) Universum existiert – und daß diejenigen, die sich darin befinden, manchmal in Träumen miteinander kommunizieren. Das war für mich, in Verbindung mit der oben zitierten Tagebucheintragung, besonders interessant, da ich zu dem Zeitpunkt jener Eintragung Jung noch nicht gelesen hatte. Ich empfinde seine Äußerungen als tröstlich, und manche von ihnen decken sich mit meinen Erfahrungen. Sie können jetzt einwenden, daß ich es so sehen muß, da jeder einzelne »Besuch« Jims beruhigend und hilfreich war. Ich würde Ihnen nicht zustimmen, aber ich will auch nicht versuchen, Sie von der »Realität« dieser Dinge zu überzeugen. Ich weiß nicht, wie wirklich sie sind, und es kümmert mich nicht. Ich weiß nur, daß sie halfen.

Schließlich hatte ich ein noch unerklärlicheres Erlebnis. Ich beschrieb es in einer Kolumne namens »The Lens« (»Die Linse«), die im Dezember des Jahres 1990 veröffentlicht wurde. Ich gebe sie hier vollständig wieder, statt sie zusammenzufassen, denn sie erzählt eine jener Geschichten, die es verdienen, daß man jede Einzelheit aufführt. Also:

Vor nicht allzulanger Zeit benutzte ich in einem Brief an einen jüdischen Brieffreund den Begriff »Zeugnis ablegen«. Er schrieb zurück, er wisse nicht, was ich damit meine. Das ließ mich stutzen, da mir wieder einmal bewußt wurde, für wie selbstverständlich wir es erachten, daß alle Menschen mit den gleichen Begriffen wie man selbst aufgewachsen sind.

Meine Leute waren in meinen Kindertagen keine Kirchgänger, aber sie waren von der kirchlichen Tradition durchdrungen, und mein Vater betrachtete sich als »rückfällig«. Mit acht oder neun Jahren besuchte ich gelegentlich die Sonntags- und die Ferien-Bibel-Schule. Ich kann mich nur noch an zwei Dinge erinnern: an ein elefantenförmiges Nadelkissen, das ich für meine Mutter anfertigte, und daß ich den ganzen 23sten Psalm auswendig lernte. Ich war ganz verrückt darauf, etwas auswendig zu lernen. Im vierten Schuljahr lernte ich *The Night Before Christmas* auswendig, einfach so zum Spaß. Ich erinnere mich noch, wie erstaunt meine Lehrerin war, als ich es ihr erzählte. Sie bat mich, das Gedicht vor der Klasse zu zitieren, und ich tat es. Gott, was für ein kleiner Freak...

Verzeihen Sie das Wortspiel, aber das Nadelkissen steckt mir noch im Kopf, weil ich es mit Haaren von mir »ausgestopft« habe. Das Öl in selbigem sollte bewirken, daß die Nadeln leichter hinein- und herausglitten. (Mach mir die Hose weiter, okay?) Es lag etwas Befriedigendes darin, meiner Mutter etwas zu schenken, in dem ein Teil von mir war. Es gab Zeiten, in denen ich vor mich hin murmelte, daß ich sie haßte. Aber die meiste Zeit liebte ich sie verzweifelt und war mir dessen sehr bewußt. Meine Mutter war eine starke Frau – intelligent und eigenwillig und mit einem oft übertriebenen Stolz. Ich sehe ihr ähnlich. Und nach Jahren des Kampfes akzeptiere ich, daß ich ihr nicht nur in vielem ähnlich, sondern auch stolz darauf bin. Ich werde noch gleich auf sie zurückkommen (was stets der Fall ist).

Ich antwortete meinem jüdischen Freund folgendes:

Ich glaube, »Zeugnis ablegen« bedeutet (wenigstens für mich), die eigenen schmerzlichen oder enthüllenden Erfahrungen einem anderen in dem Bestreben zu erklären, den Weg zu erhellen. Es ist ein Lehrsatz des Christentums, welches schließlich auf der Vorstellung eines Opfers (Jesu Tod) beruht, uns von Sünden reinzuwaschen. Bei den Katholiken ist die Beichte persönlich. Es wird eine Buße auferlegt. Alles verbleibt innerhalb einer Zweierbeziehung mit dem Priester, der Gott repräsentiert. Für einen Protestanten (besonders einen der fundamentalistischen Art) ist die Beichte zur Besserung der Zuhörer öffentlich, um den Geist Gottes in ihre Mitte zu bringen. »Wir sind alle Sünder auf Erden. Ich bekenne heute meine Sünden als ein Zeichen für die Sünden eines jeden.« Ich weiß nicht, ob das für Dich einen Sinn ergibt, aber das ist die Vorstellung.

Er antwortete, die Erklärung ergebe einen Sinn, auch wenn er die Grundvoraussetzung nicht verstehe. Das machte mich lächeln, da ich selbst schon öfters diesen Gedanken gehabt hatte. Ich glaube, die Idee verwandelte sich in mir. Sie blieb zwar im wesentlichen bestehen, wurde aber menschlicher oder pantheistischer, während ich ein Leben führte, das durch mehr als nur durchschnittliche Unruhe gekennzeichnet ist (ich akzeptiere, daß ich selbst für einen Großteil davon verantwortlich war).

Tatsache ist, daß alle Menschen leiden, aber einige sind anerkannte Meister im Leiden. Ich erinnere mich an die Interviews von zwei Frauen, die ein befreundeter Psychiater auf Video aufgenommen hat. Eine hatte ihre beiden Kinder bei einem Auto-Zug-Unglück verloren, die andere war von ihrem Vater brutal sexuell mißbraucht worden. Ihnen zuzuhören, war, als sehe man zu, wie Phönix sich aus der Asche erhebt. Ich glaube, man wird mir zustimmen, wenn ich erkläre, daß ich auch dazugehöre (wenigstens als Leichtgewicht-Meister), da ich mein einziges Kind durch Selbstmord verlor. Die Menschen sagen immer: »Wie schrecklich!« Sie haben recht. Aber man braucht nicht erst so etwas durchgemacht zu haben, um Nutzen aus folgendem Zitat von Robert Frost zu ziehen (in dem Gott Hiob zu erklären versucht, warum er ihm so viel Leid auferlegt):

Die Gesellschaft kann sich nichts ausdenken:
man muß sie sich als Schauspieler vorstellen,
ergebene Schauspieler bei einem Opfer –
die fähigsten Schauspieler, deren ich habhaft werden kann.

Was hält uns aufrecht, wenn nicht unsere Vorstellungen? Ich fand die Idee, ein ergebener, fähiger Schauspieler zu sein, verlockend; es war eine Idee, die meinem Leid Sinn gab. Womit ich nicht sagen will, daß sie mich entschädigte – nichts kann mich entschädigen –, aber sie vermittelte mir ein Gefühl von

Bedeutung. Ich erhob (bildlich gesprochen) mein blutiges Haupt, betrachtete mich und sprach: »Okay, Sue, wenn du schon deinen Sohn nicht aufziehen kannst, dann vielleicht die Abstraktionen, an die du glaubst. Vielleicht sollst du nach jenem Abschnitt des 23sten Psalms leben, in dem geschrieben steht: ›Es geleiten mich deine Gnade und Huld durch alle Tage des Lebens.‹«

In meinem derzeitigen Trauerzustand wandelte ich unbewußt einen anderen Bibelvers um und ertappte mich dabei, wie ich flüsterte: »Ich erhebe mein Auge zum Alltäglichen, von wannen mir Hilfe kommt.« Und genau das meinte mein Herz. Nicht die Hügel, nicht das Göttliche, sondern die alltäglichen Mächte des Guten, der Liebe und der täglichen Mühe. Besinnlichkeit. Achtung. Jene menschlichen Dinge, jene unzähligen kleinen Handlungen und Worte, welche in ihrer Gesamtheit die Welt bewohnbar machen und ohne die ich buchstäblich nicht weiterleben könnte (und würde).

Das schätze ich. Das versuche ich zu leben. Ich hatte einmal eine Patientin, die mir unter Tränen sagte: »Danke, daß Sie sich an mich erinnern.« Sie gestand mir, daß ihre frühere Therapeutin sie regelmäßig zwischen zwei Terminen vergessen hatte. Jedesmal offenbarte sie durch ihre Fragen, daß sie sich nicht mehr an ihre Patientin erinnern konnte, von deren Schmerz und der Verwirrung ganz zu schweigen. Dort gab es keine Gnade, kein Mitgefühl.

In der weiteren Welt – bei Kontakten mit Kollegen, den Abteilungsschwestern und dem Botenjungen –, in all jenen Bereichen, wo sich mein Leben zufällig mit anderen überschneidet, *versuche* ich es. Wobei ich nicht immer erfolgreich bin. Ich werde abgelenkt, bin mit mir selbst beschäftigt. Aber ich versuche es. Manchmal meditiere ich nach den Yoga-Übungen und sage mir im Geiste: »Ich bin voller Licht. Ich werde das Licht durch mich hindurchscheinen lassen und das Leben anderer erhellen. Es kommt nicht aus mir. Es bleibt nicht bei mir. Es geht nur durch mich hindurch.« Ich bin eigentlich eine Linse. Das versteht man ungefähr unter »Zeugnis ablegen« – eine so gute Linse wie möglich zu sein.

Dieses Bild entbehrt nicht einer gewissen Logik, nicht wahr? Überlegen Sie, wie die meisten Linsen hergestellt werden. Das Glas wird aus geschmolzenen Silikaten (zum Beispiel Sand) und Soda oder Pottasche sowie Kalk gefertigt. Manchmal werden noch metallische Oxydationsmittel hinzugesetzt. Nichts Geheimnisvolles. Dann wird es unter enormen Temperaturen erhitzt, abgekühlt und geschliffen, sobald es die richtige Form hat. Für mich hört sich das an, als handle es sich um einen Menschen. Und für Sie?

Ich bin nicht besonders geistreich, obwohl es Augenblicke gibt, in denen ich das Licht sehr gut breche. Aber ich weiß, daß das Ziel Transparenz ist. Und das ist (in diesen Momenten kann ich mich ganz zurücknehmen) meine Gabe. Es ist schwierig angesichts meines kulturellen Hintergrunds – will sagen, meines Egos. Alles heißt mich, mir zu trauen und das Vertrauen anderer zu akzeptieren. In unserer Gesellschaft sind alle guten Dinge »Leistungen« und das Produkt unserer Mühen.

Das stimmt nicht.

Was die Rune sagt, ist wahr: »Was dir gehört, wird zu dir kommen.«

Ich wußte gar nicht, daß ich so fest daran glaubte, bis etwas zu mir kam; etwas, was nicht gekommen wäre, hätte ich nicht an jenes Gesetz geglaubt. In meiner Eigenschaft als Linse werde ich Ihnen davon erzählen. Aber mißverstehen Sie mich bitte nicht. Ich betrachte es nicht als eine Offenbarung im religiösen Sinne. Solche Dinge sind meiner Meinung nach eine Plattform für jene, die universelle Überzeugungen verkünden. Was mir geschah und was mein ist, ist eine persönliche Erleuchtung – eher eine Bereicherung *meiner* Erfahrung als das Glaubensbekenntnis einer spirituellen Gemeinde. Ich teile meine Erfahrung nicht mit Ihnen, um Sie zu irgend etwas zu überreden. Ich teile sie mit Ihnen, weil ich das Gefühl habe, daß es so richtig ist. Ich war stets der Meinung, daß ich einen Weg finden sollte, anderen davon zu erzählen, aber erst jetzt ist mir diese Möglichkeit bewußt geworden. Ich schätze, ich war noch nicht genügend geschliffen.

Noch Monate nach dem Tod meines Sohnes war jeder Traum mit dem Wissen um diesen Tod erfüllt. Egal, wie alt, ganz gleich, in welchem Zusammenhang, ich betrachtete ihn mit dem schmerzlichen Bewußtsein, daß er tot war, und erwachte oft mit einem furchtbaren Schmerz in der Brust. Manchmal schrie ich, manchmal stöhnte ich nur.

Eines Morgens erwachte ich mit den gleichen Beschwerden. Mein Körper war vor Schmerz so starr, daß ich mich nicht bewegen, geschweige denn die Energie aufbringen konnte, die Augen zu öffnen. Dieser Schmerz war so verzehrend, so erschöpfend, daß kein Ich mehr geblieben war. Und dann schoß mir – scheinbar aus dem Nichts – der Gedanke durch den Kopf: »Heiliger Sebastian.« Mehr nicht. Etwas in mir entspannte sich. Und ich wiederholte den Namen lautlos. Weitere Entspannung. Ich hatte keine Vorstellung, woher der Name kam, was er bedeutete, wer dieser Heilige war. Ich wußte nur, daß ich getröstet wäre, wenn ich mir seinen Namen immer wieder vorsagte. Das tat ich, bis ich schließlich in einen traumlosen Schlaf fiel, aus dem ich erfrischt erwachte.

Es ist schon recht seltsam: Ich dachte nicht weiter darüber nach, zerbrach mir deswegen nicht den Kopf und war auch nicht beunruhigt. Ich kümmerte mich weiter um meine Angelegenheiten, arbeitete, aß, sprach mit meiner Familie und meinen Freunden. Dann träumte ich von Jim. Und es war nur ein Jim-Traum, nur ein Kleiner-Teufel-Traum. Ich träumte davon, wie er mich neckte – ein Baby, ein Junge, ein junger Mann. Er neckte mich gern und hat schon früh damit angefangen. Mein Jimbo, Jimmy, Jim konnte mich immer zum Lachen bringen. In den Träumen ließ er mich erneut lachen. Und mein gebrochenes Herz war beruhigt, weil es wußte, daß er, wenigstens in meinen Träumen, wieder lebte. Danke, sagte ich. Ich bin weit davon entfernt, einem geschenkten Gaul ins Maul zu schauen, sagte ich. Ich bin sehr dankbar dafür, sagte ich.

Der Dank kam aus der Tiefe meines zerbrochenen Humpty-Dumpty-Herzens. Und ich bin immer noch dankbar.

Eines Tages fragte ich eine katholische Freundin, ob sie wisse, wie der heilige Sebastian zu seiner Heiligkeit gekommen sei. Sie wußte es nicht und verwies mich an andere, die es auch nicht wußten. Ich ließ das Thema fallen. Vier oder acht Wochen vergingen, bis ich eines Tages an einer Bücherei vorbeikam. Ich hielt an und dachte: »Ach, verdammt. Ich bin es leid. Ich werde nur mal kurz reingehen und nachschlagen.«

Im ersten Buch stand nichts. Im zweiten war es irgendwie vage gehalten. Ich glaube, dort stand etwas von einem frühchristlichen Märtyrer. Als ich das dritte Buch aufschlug, entdeckte ich die kleine, in schwarzweiß gehaltene Kopie eines Gemäldes neben einigen erklärenden Sätzen. Und es war, als hätte mir jemand mit voller Wucht in den Magen geboxt. Ich ging mit überkreuzten Beinen zu Boden und preßte die Hand vor die Brust, als versuche ich, mein Herz zurückzuhalten, während sich meine Augen mit Tränen füllten. Auf dem Bild ist Sebastian an einen Baum gebunden, sein Körper von Pfeilen durchbohrt. Ich las, daß er für seinen Glauben zu Tode verurteilt und angeblich auf diese Art »exekutiert« wurde und als warnendes Beispiel an dem Baum gefesselt geblieben war. Eine Glaubensgenossin kümmerte sich um ihn.

Er erholte sich, um wiederum für seinen Glauben Zeugnis abzulegen, bis man ihm endgültig den Garaus machte.

Während ich sein Bild betrachtete, schrie ich lautlos: »Ja! Genau so fühle ich mich! Wie jemand, der, von Pfeilen durchbohrt, zum Sterben zurückgelassen wurde!« Es war mir immer unglaublich vorgekommen, daß niemand meine Pfeile sah. Meine Mitmenschen wußten vielleicht, daß auf mich geschossen worden war, aber sie konnten die Pfeile nicht sehen, während ich das Gefühl hatte, als würden sie auf jede erdenkliche Art und Weise in meinem Körper stecken. Ich versuchte, sie zu beschreiben. Aber heute weiß ich, daß ich zu theoretisch gewesen bin, als ich sagte: »Weißt du, ich bin von Pfeilen durchbohrt« und man höflich antwortete: »Oh, Liebes. Kann ich irgend etwas für dich tun?« Worauf ich erwiderte: »Nein, danke. Ich habe mich an sie gewöhnt.«

Ich weiß nicht, weshalb ich nicht einfach geschrien habe. Nur geschrien, geschrien, geschrien habe, bis sie gezwungen waren, die Pfeile zu sehen und etwas dagegen zu unternehmen. Bestimmt hätte jeder meiner Freunde einen Pfeil herausgezogen und etwas Salbe über die Wunde getan. Ich hatte genug Freunde für diesen Job.

Halt! Das stimmt nicht ganz. Ich weiß, weshalb ich nicht geschrien habe. Ich sagte Ihnen ja bereits, daß ich wieder auf meine Mutter zurückkommen würde. *Sie* brachte mir bei, nicht zu schreien. Ich bin noch immer nicht gut darin. Bei den wenigen Malen, die ich operiert wurde, habe ich mich bei allen Menschen um mich herum für mein Stöhnen entschuldigt. Ich übergab mich und stöhnte: »Tut mir leid. Tut mir leid.« Das brachte meinen Mann auf die Palme.

Es tut nicht gut, so zu sein. Es verschließt einen in seinem Innern und bringt jeden, der einem lieb und teuer ist, zu der Überzeugung, daß man ihn nicht braucht. Nicht zu wissen, wie man schreit, bringt einen ganz schön in Schwierigkeiten.

Natürlich ist es für mich einfacher, die Neigung dazu bei anderen aufzuzeigen, als sie bei mir selbst zu ändern. Ich hatte einmal eine Patientin, die mir sagte, daß sie nicht zu schreien brauche, weil jemand, der sie wirklich liebte, ihre Qual hören würde. Ich schüttelte den Kopf, lächelte und sagte: »Hey, selbst ein von ganzem Herzen geliebtes Baby muß manchmal schreien.«

Oh, wenn Einsichten uns nur wirklich ändern würden.

Doch um wieder auf den heiligen Sebastian zurückzukommen – die Unfähigkeit zu schreien war nur ein schmaler Streifen des Lichtes, das in mich strömte, als ich das Bild betrachtete. Schließlich konnte ich das ganze Spektrum sehen. Und was ich sah, war die gesegnete Tatsache, daß ich mit meinen Wunden würde leben können, wie schmerzlich sie auch sein mochten. Ich könnte wieder Zeugnis ablegen, ich könnte ein Wunder an Zähigkeit sein, ein Beispiel dafür, wie man einfach nur am lieben Leben hängt. Denn das Leben ist kostbar. Was immer es auch sein mag, welche Pfeile mich auch durchbohren mögen, mein Leben ist kostbar. Was mein ist, kommt zu mir. Einschließlich des Lebens.

Mein Sohn konnte es nicht sehen. Oder er hat es gesehen, die Augen geschlossen und es eine Halluzination genannt, die keinen Bezug zu seiner schmerzlichen Realität habe. Er schloß die Fensterläden, und das Licht konnte nicht herein. Andere Menschen lassen nur einen Spaltbreit offen, weil sie meinen, das Licht sei zu stark oder zu schwach. Wenn es zu stark ist, glauben sie, sie müßten sich davor schützen. Ist es zu schwach, versuchen sie mit dem, was sie haben, hauszuhalten.

Wovon kann ich Ihnen Zeugnis ablegen?

Vielleicht, daß das Leben keine Kamera, sondern ein Teleskop ist; ein wunderbares Aufgebot an Linsen. Wir müssen nach jedem Schimmer, jedem Fünkchen Licht in der Unermeßlichkeit Ausschau halten und es in unserem Bestreben, es wirklich wahrzunehmen, immer wieder vergrößern. Wie können wir, während wir hinaufschauen zu einem Ort, der von Sternen nur so wimmelt, ihn leer nennen? Wie können wir, während wir uns umschauen, von dem strahlenden menschlichen Streben nicht geblendet sein?

Ich kann nur ein schwaches und flackerndes Licht erzeugen. Aber drehen Sie mich nur ein wenig, und meine Oberfläche, gänzlich abgeschliffen in jenen Augenblicken, in denen ich mein Ego aufgebe und der Reibung des Lebens ausgeliefert bin, fängt die strahlende Energie universeller Gnade und Huld ein und wirft ein reines, unangreifbares Leuchtfeuer, das Zeugnis davon ablegt, daß wir alle Kinder des Lichts sind.

Der Herr ist unser Hirte, wir leiden nicht Not.

Auf grünender Wiese läßt er uns lagern. Er führet uns an Wasser der Ruhe.

Erquickung spendet er unseren Seelen.

Kapitel 14

Verantwortlichkeit

Zu den Vorstellungen, die ich stets geschätzt habe, gehört jene, daß man Worte durch Taten beweisen sollte. Ich habe nichts für Leute übrig, die anders reden, als sie handeln. Ich weiß, daß es in dem Teil des Landes, in dem ich aufwuchs, keine Seltenheit ist, aber manchmal schien es mir, als entstamme es dem Kodex des Westens. In weniger zivilisierten Orten gilt das Wort eines Menschen als Vertrag. Und diese Vorstellung wird Teil der Umwelt. Wir, die wir eine oder zwei Generationen später geboren werden, nehmen sie in uns auf, während wir über ebendieses Land wandern.

Und so spürte ich sehr stark, daß ich gewisse Dinge tun und mich auf eine bestimmte Art und Weise verhalten mußte, beruhend auf jenen Lektionen, die ich durch Jims Tod lernte. Zum einen entspringt so vieles, was an den Hinterbliebenen eines Selbstmörders nagt, der Art, wie sich der Selbstmörder um die Verantwortung, sich zu verabschieden, drückt. Klingt seltsam, nicht wahr? Ist aber trotzdem wahr. Ein Selbstmörder stirbt immer überstürzt, so daß den Hinterbliebenen keine Zeit bleibt, sich aufzuraffen, wie es der Fall ist, wenn jemand an einer Krankheit stirbt. Natürlich ist Selbstmord nicht die einzige Form eines plötzlichen Todes. Aber die einzige, in der ein Mensch sich für den Tod entscheidet. Wenn

149

Sie glauben, eine Frau sei wütend auf ihren Ehemann, weil er einem Herzanfall zum Opfer fiel, dann sollten Sie einmal sehen, wie sie sich fühlt, wenn er sich in den Kopf geschossen hat. Da besteht ein *großer* Unterschied.

Selbstmord kommt mir wie ein Präventivschlag vor. Jemand ärgert sich darüber, daß er keine Möglichkeit zu unterhandeln hat. Denn das ist es, was ein Abschied in Wirklichkeit ist – eine Möglichkeit, zu unterhandeln, zu sagen: »So geht es mir, wie geht es dir? Ich muß jetzt fort. Gibt es noch irgend etwas zu klären, bevor ich gehe?«

Ich glaube nicht, daß Amerikaner gut darin sind. Ich konnte es erst, als ich es besser verstand. Als Frau eines Militärangehörigen bin ich in der Frage immer von einer falschen Voraussetzung ausgegangen. Ich sagte mir, daß ich meine Freunde wahrscheinlich aufgrund der erstaunlichen Inselnatur der Armee irgendwo anders wiedersehen würde. Es ist möglich, daß Menschen, mit denen man zusammen an einem Ort stationiert war, auch am nächsten auftauchen. Doch es ist unsicher. Und es gibt viele Menschen, die ich nie wieder sah. Ich wünschte, ich hätte mich gekonnter von ihnen verabschiedet.

Nach Jims Tod fing ich an, den Abschied sehr viel ernster zu nehmen. Als ich mich entschloß, die Klinik zu verlassen, in der ich drei Jahre lang gearbeitet hatte, gab ich es neun Monate vorher bekannt. Und danach verabschiedete ich mich von meinen Freunden und Patienten; ermöglichte ihnen, zu sagen, was sie sagen mußten, und sagte ihnen, was ich sagen mußte.

Ich schrieb eine Kolumne darüber, die noch heute meine Lieblingskolumne ist. Sie endet folgendermaßen:

Ich denke an das schmerzlichste Ende von allen – den Tod eines geliebten Menschen. Nichts verdeutlicht die Vorstellungen stärker, daß, »obwohl viel genommen wird, einiges bleibt« und wir alle ein Teil von jenem sind, dem wir begegneten. Manchmal hörte ich, manchmal sagte ich: »Aber ich konnte mich nicht einmal verabschieden!« Als ich darüber nachdachte, sagte ich mir: »Wer kann das schon?«, denn ich habe erkannt, daß ein Abschied keine Augenblickssache, sondern ein Prozeß ist. Er ist ein Echo, das durch die Wände eines Canyons hallt, in den Höhlen verschwindet und noch jahrelang auf wunderbare Weise in der Luft vibriert und in Wellen zu uns zurückkehrt – oft gerade dann, wenn wir es am wenigsten erwarten.

Wir verlieren und wir behalten. Wir lassen los und halten fest. Und von Zeit zu Zeit untersuchen wir das, was wir festhalten. Manchmal ist es Müll. Manchmal ein Schatz.

Ich hielt einige Edelsteine in der Hand. Einen Seitenblick, ein »Ich liebe dich«, die Erinnerung an ein Lachen, eine prickelnde Erinnerung an geliebtes Fleisch unter meinen Fingerspitzen. Ich spüre einen großen Verlust. Und ich empfinde große Dankbarkeit. Dafür, daß ich lieben durfte. Dafür, daß ich mein Fassungsvermögen vergrößern konnte, so schmerzlich die Ausdehnung auch gewesen sein mag.

Niemand von uns gibt uns die Erlaubnis zu leben. Niemand sagt uns, *weshalb*. Aber mir scheint, als hätte T. S. Eliot recht gehabt, als er schrieb:

Wir sollen nicht aufhören zu forschen.
Und das Ende all unserer Forschung wird sein,
Daß wir dort ankommen, wo wir begonnen haben,
Und den Ort zum ersten Mal erkennen.

Ich glaube, je weiter wir reisen, desto mehr verbleibt von uns selbst. Und seltsamerweise, je weiter wir reisen, desto mehr kommen wir denen näher, die wir verließen, und jenen, die uns verließen. Und wenn wir uns dann an jenem ersten und letzten Ort zur Ruhe betten, dann werden wir, so denke ich, endlich spüren, daß die Elektronen jener, die wir liebten, während unserer Reise sanft durch unsere Herzen kreisten.

Psychiater sollten nicht nur beigebracht bekommen, wie wichtig es ist, sich richtig zu verabschieden, sondern ich wünschte mir oft, sie wären besser darin ausgebildet, mit den Hinterbliebenen eines Selbstmordkandidaten umzugehen. Ich weiß, daß sie darin nicht gut ausgebildet sind, weil ich weiß, daß ich es nicht war, obwohl ich meine Assistentenzeit an einem der besten Ausbildungsinstitute dieses Landes absolvierte. Die Behandlung, die ich den Hinterbliebenen vor Jims Tod zukommen ließ, war zwar in Ordnung, doch meine Arbeit beruhte eher auf allgemeinen als aus speziellen Informationen und – bitte entschuldigen Sie meine Eitelkeit – darauf, daß ich intuitiv erfaßte, was die Seele tötet.

Weil ich weiß, was mir als Hinterbliebene half, und weil ich den Prozeß, der in mir ablief, studiert habe, sah ich ein, daß es mir oblag, meinen Kollegen diese schwer erarbeiteten Lektionen beizubringen. Aus diesem Grund schrieb ich einen Aufsatz über das Überleben und trug ihn im Jahre 1986 anläßlich der Menninger Alumni Celebration vor. Sie veröffentlichten ihn ein Jahr später in ihrem Bulletin. Ich präsentierte diesen Aufsatz auch der American Association of Suicidology, einer Organisation, der ich 1986 beitrat, weil ich glaubte, daß ich nur dann, wenn ich meine Gefühle und Informationen mit anderen teilte, dem standhalten könnte, dem ich standhalten mußte.

Es ähnelt einer kleinen Geschichte in Kushners *When Bad Things Happen to Good People*. Sie handelt von einer Frau, die ihren einzigen Sohn verliert und von Kummer überwältigt wird. Die Frau geht zu einem Heiligen und bittet ihn, ihren Sohn wieder zum Leben zu erwecken. Er sagt ihr, sie solle ein

Senfkorn aus einem Heim holen, das niemals Sorgen kennengelernt hat. Mit diesem Samen würde sie die Sorge aus ihrem Leben vertreiben. Natürlich kann sie ein solches Heim nicht finden. Doch jede der tragischen Familiengeschichten rührt sie zutiefst, und sie bleibt, um jene zu trösten, die sie trifft. Und so heilt sich sich von ihren Sorgen, indem sie anderen hilft.

In gewissem Sinne helfe ich meinen Kollegen durch meine Kolumne, indem ich über die emotionelle Seite des Psychiaterdaseins schreibe; meinen Standpunkt und meine Erfahrungen mit ihnen teile und ihnen dadurch vermittle, daß es gut ist, menschlich zu sein. Die Briefe und Reaktionen, die ich auf meine Kolumne bekomme, zeigen mir, daß ein Bedarf daran besteht.

Ich schrieb einen Artikel, um Ärzten zu helfen, erfolgreicher und mitleidsvoller mit hinterbliebenen Eltern zu arbeiten. Er wurde in einem Magazin veröffentlicht, das an alle medizinischen Ausbildungseinrichtungen und Fakultäten der USA verschickt wird. Danach erschien er in einem Magazin, das alle Mitglieder der Texas Medical Association erreicht.

Und irgendwann wurde mir bewußt, daß ich mich in erster Linie als hinterbliebene Mutter sah und dann erst als Psychiaterin. Wenn Sie mich treffen und sich angeregt fühlen würden, mich zu verstehen, dann wäre es besser, erstere kennenzulernen statt letztere. Das ist interessant, da die meisten Menschen eine Menge Vorurteile in bezug auf Psychiater haben und nur sehr wenige gegenüber hinterbliebenen Eltern (bei denen ihnen nur der begründete Schmerz einfällt). Woran die Allgemeinheit jedoch selten denkt, das ist die Vielzahl der Dinge, die jene Menschen mit ihrem Schmerz anstellen.

Der Schmerz hat mich nicht nur weicher, sondern auch zäher gemacht. Ich glaube, ich bin jetzt freundlicher zu jenen, die mein Mitgefühl brauchen. Doch höchstwahrscheinlich reize ich jene Menschen, die sich einfach nur selbst leid tun. Ich sehe, wie diese Menschen in die gleiche Sackgasse geraten wie Jim. Falls ihre Bremsen schadhaft sind, werde ich mit aller Wucht auf meine treten, um ihre Aufmerksamkeit zu erregen. Ich glaube, daß ich heute wirksamer mit selbstmordgefährdeten Patienten arbeiten kann als früher. Ich weiß stets, wann ich eingreifen muß. Ich weiß, wann ich das Ganze in so kleine Stücke brechen muß, daß der Patient sie schlucken kann, ohne daran zu ersticken. Jims Tod befähigte mich, mich aus der Position endgültiger Verantwortlichkeit zu befreien.

Ich erwähnte bereits, daß ich selbst wohlerfahrene Therapeuten sagen hörte, sie würden die »Patienten am Leben erhalten«. Wir erhalten keinen Patienten am Leben. Wir verbünden uns mit dem, was in ihm gesund und stark ist und leben möchte, und versuchen, es aufzubauen. Doch wenn der Todestrieb stärker ist, besteht absolut keine Möglichkeit, einen selbstmordgefährdeten Menschen am Leben zu erhalten. Niemand kann das für einen anderen tun. Es ist eine gefährliche Illusion, zu glauben, wir könnten es. Gefährlich, weil wir, wenn sich der Zeiger zu stark dem Tod zuneigt, glauben werden, es sei unsere Schuld. Das darauffolgende Schuldgefühl wird uns derart beeinträchtigen, daß wir all jenen, die unsere Hilfe annehmen würden, nicht mehr so gut helfen könnten. Doch denken Sie daran, daß hier nicht von psychotischen Patienten die Rede ist. Ein Psychotiker ist so fernab jeglicher Realität, daß er *keine* Entscheidung mehr fällen kann, besonders keine, bei der es um Leben oder Tod geht. Es obliegt den Mitgliedern meines Berufsstandes, alle Maßnahmen zu ergreifen, die nötig sind, um diese Menschen vor sich selbst zu schützen. Ich habe sie in die Klinik überwiesen, ihnen gesagt, ich würde dafür sorgen, daß sie in Sicherheit wären; egal, ob sie mich verfluchten oder segneten. Und ich sagte ihnen, daß ich sie, falls nötig, festbinden und mich auf sie setzen würde. Diese Situation unterscheidet sich qualitativ von der eines Depressiven, der mit dem Gedanken an Selbstmord spielt. Sie könnten jetzt einwenden, daß auch die Depression eine Art psychischer Krankheit sei. Das ist mir bekannt. Aber ich weiß auch, daß der größte Teil aller Depressiven nicht psychotisch ist und deshalb auch nicht jeden Bezug zur Realität verloren hat.

Mich konsultieren alle Arten von Menschen, die mit Selbstmord drohen, um ihr Unglück und ihre Wut auszudrücken. Mein Job ist es, ihnen dabei zu helfen, etwas gegen dieses Unglücklichsein, diese Wut zu unternehmen und jene Gefühle, wenn Sie so wollen, in positives Handeln zu verwandeln.

Vor kurzem traf ich eine junge Frau, die ihre Therapeutin mit ihren Andeutungen über Selbstmord und Sätzen des Inhalts, das Leben sei nicht lebenswert und man sei besser tot, ständig in Panik versetzte. Sie sagte über ihre Therapeutin: »Sie kann nicht verstehen, weshalb ich sterben will.«

Ich kannte die Patientin gut, da ich während eines Klinikaufenthalts die für sie verantwortliche Ärztin gewesen war. Also sagte ich ihr: »Das kann ich sehr gut verstehen. Sie haben noch nicht einmal *angefangen*, ihre Probleme zu lösen.«

Überrascht fragte sie mich, was ich damit sagen wolle. Worauf ich ihr vorhielt, sie habe noch nichts wegen der unzähligen Probleme unternommen, über die wir bei ihrem Klinikaufenthalt gesprochen hätten. Sie ließ alle Dinge laufen und wartete darauf, daß jemand kommen, sie aufrichten und ihr das Fliegen beibringen würde. Sie übernahm *keine* Verantwortung für sich selbst. Ich sagte: »Der einzige Mensch, der Sie da herausreißen kann, sind Sie selbst, und Sie werden selbstmordgefährdet sein, solange Sie da drinstecken.«

Das ist zwar nicht gerade die sanfte Methode, aber sie ist wirksam. Ich wußte, daß die einfühlsame Methode ihrer Therapeutin vollkommen wirkungslos war, indem diese die ganze Arbeit tat und alle Verantwortung auf sich nahm.

Das ist Jims Vermächtnis an mein Berufsleben, so wie es sein Vermächtnis an Sie sein kann, wenn Sie einen geliebten Menschen durch Selbstmord verloren haben. Ich weiß jetzt, daß ich weder für den Tod meines Sohnes verantwortlich noch daran schuld bin, und auch nicht, wenn andere sich umbringen. Mit diesem Wissen tief in meinem Innern bin ich verhältnismäßig sicher vor der Angst, die ein Großteil der Therapeuten angesichts dieses Problems empfinden.

Kapitel 15

Machen Sie einen Kopfsprung, wenn Sie fallen

Manchmal sage ich meinen Patienten, daß das Leben nicht linear verläuft und daß wir nicht an einer hübschen, sauberen Linie von 0 bis 92 (oder was auch immer) entlangreisen. Das Leben ist eher sphärisch (oder elliptisch?). Wir besitzen einen Kern, über den wir Schicht um Schicht bilden. Manchmal strahlt der Kern seine Botschaft aus, manchmal ist eine Schicht nicht glatt. Doch wir tragen unsere gesamte Existenz mit uns herum: alle Gedanken, alle Gefühle, alle Erinnerungen. Alles, was uns begegnete, ist ein Teil von uns. Deshalb betrachtet ein Achtjähriger die Welt manchmal mit großen, verwunderten Augen. Deshalb können (und müssen) Erwachsene spielen. Deshalb sind wir manchmal kindisch und gehässig und manchmal hochtrabend und voller Illusionen in bezug auf unsere Allmacht. Und deshalb kommt ein ungelöstes Problem immer wieder zu einem zurück und verfolgt einen. Wie bei mir. Ich versuchte, unabhängig zu werden, indem ich mit fünfzehn Jahren heiratete – es war eine Abkürzung. Und wie bei allen Abkürzungen in der Entwicklung änderte sich nicht viel an dem Problem. Ich mußte immer wieder darum kämpfen, unabhängig zu werden, selbst noch nach dem Zeitpunkt, an dem das Problem eigentlich hätte längst geklärt sein sollen. Ich glaube, Jim hatte mit dem gleichen

Problem zu kämpfen. Aber er verschob es nur, statt etwas dagegen zu unternehmen, bis der Aufschub ihn zu sehr schmerzte und er sich nur noch durch den Tod distanzieren konnte.

Die meisten von uns leben nur so dahin. Wir fahren damit fort und gehen jahrelang auf Nummer Sicher. Wir verdrängen die Probleme, bis sie zu einer Schmiere werden, die Blasen schlägt und uns einhüllt. Es ist schon seltsam (wenn man darüber nachdenkt), daß wir dazu neigen, so zu leben, als sei unser Leben eine Probe für das einzig Wahre. Wir haben immer etwas, was wir nächsten Monat, nächstes Jahr, im nächsten Jahrzehnt erledigen wollen.

Meine Eltern zum Beispiel versicherten uns immer wieder, sie warteten nur darauf, daß wir erwachsen würden, damit sie sich scheiden lassen könnten. Nun, ich habe das Haus im Januar des Jahres 1958 verlassen, und sie sind immer noch zusammen.

Damit will ich sagen: »Begreift es endlich!« Es ist gut und schön, über seine Situation nachzudenken und verwirrende Einsichten darüber zu haben, wie man zu dem wurde, was man ist. Aber es ist etwas ganz anderes, sich zu ändern, und gerade das ist normalerweise besonders dringend.

Ich habe gerade einen Vortrag geschrieben, den ich auf einer Hinterbliebenen(von Selbstmördern)-Konferenz halten werde und den ich gerne mit Ihnen teilen würde. Ich habe ihn »Machen Sie einen Kopfsprung, wenn Sie fallen« genannt.

Letztes Jahr hielt ich vor der American Association of Suicidology einen Vortrag darüber, wie man mit dem Selbstmord eines geliebten Menschen fertig wird. Ein paar Monate später hielt ich ihn in San Francisco und Chicago. Ich erwähnte darin, daß ich, trotz des Selbstmords meines Sohnes vor sechseinhalb Jahren, an ein gütiges Universum glaube (vielleicht, weil es mich dazu zwang). Ich glaube, daß es ein gutes und erhaltendes Prinzip gibt, selbst wenn wir manchmal vor Kummer nicht wissen, wie es weitergehen soll. Nach einem dieser Vorträge kam eine Frau zu mir und fragte mich, wie ich etwas so Entsetzliches wie einen Selbstmord mit meinem Glauben an ein gütiges Universum vereinbaren könne. Ich erwiderte (unzulänglich, nehme ich an), ich sei der Meinung, daß man es nur annehmen kann, einen »Glaubenssprung« machen und sich sagen muß, daß die Erfahrung, die man gemacht hat, nur ein einzelner Faden im großen Gewebe war. Und der gesamte Gobelin ist, denke ich, wirklich schön. Seine Schönheit wird durch jene persönlichen Fäden, unseren Kummer, nicht gemindert.

Später fiel mir ein Gedicht ein, das ich einst in meiner Kolumne zitiert habe. Es stammt von John Masefield und lautet:

Ich habe Blumen auf Steinen wachsen
Und Männer mit häßlichen Gesichtern Freundliches tun sehen.
Und der Goldpokal wurde vom schlechtesten Pferd gewonnen.
Also vertraue auch ich.

Wie Sie vielleicht bemerkt haben, hat Masefield die steinigen Orte nicht in fruchtbare verwandelt. Und er sagt nicht, daß jene häßlichen Gesichter im Grunde hübsch seien. Bei ihm bleibt das schlechte Pferd schlecht. Womit er sagen will, man solle berücksichtigen, daß es mehr gibt, als das Auge sieht. Und deshalb kann ich an ein gütiges Universum glauben. Denn ich weiß, daß das Offensichtliche nicht die einzige Wirklichkeit ist.

Ich bin, genau wie Sie, beleidigt, wenn jemand versucht, meinen Schmerz und meine Erfahrung abzuwerten, indem er behauptet, alles geschähe zu meinem Besten und daß ich ein besserer Mensch wäre, weil ich einen Sohn verloren habe. Das mag in gewisser Weise stimmen. Aber es trifft nicht auf jeden zu. Aus diesem Grunde bin ich nicht darauf aus, Sie von meinem Glauben zu überzeugen. Glauben Sie es, wenn es Ihnen paßt. Glauben Sie etwas anderes, wenn es Ihnen besser gefällt.

Es ist einfach so, daß meine Auffassung bei mir wirkt. Seit mein Sohn gestorben ist, habe ich viele seltsame Dinge gelesen, gedacht und geschrieben. Er zwang mich, über das nachzudenken, was unsichtbar und unbestimmbar, aber vielleicht nicht weniger wirklich ist, als es sein Fleisch und seine grünbraunen Augen waren. Sein Tod ließ mich wissend lächeln, als ich die folgenden Worte von Ursula LeGuin las:

Was ist weiter von uns entfernt, mehr außer Reichweite, stiller: der Tote oder der Ungeborene? Jene, deren Knochen unter den Disteln und der Erde und den Grabsteinen der Vergangenheit ruhen, oder jene, die gewichtslos zwischen Molekülen hindurchgleiten, dort verweilen, wo ein Jahrhundert an einem Tag vergeht, inmitten des freundlichen Volkes, unter den großen, glockenförmigen Hügeln der Möglichkeiten?*

Ich weiß nicht, wo Jim ist. Und manchmal glaube ich, daß mein Gefühl darüber, wo ich mich befinde, nur illusorisch ist, selbst wenn es von vielen geteilt wird. Er ist tot. Ich lebe. Das ist alles.

Vielleicht. Aber Sie sollten versuchen, Jung zu lesen. Wenn es Ihnen gelingt, einige Sprachschnörkel zu überwinden, werden Sie feststellen, daß er sehr überzeugend über co-existie-

---

* Ursula LeGuin (1986). *Always Coming Home*. New York: Bantam Books.

rende Universen und von einer Psyche sprechen kann, die sich beim Tod derart verstärkt, daß sie die Geschwindigkeit des Lichts transzendiert, den Körper verläßt und in die zeitlose und deshalb ewige Sphäre überwechselt. Jung geht sogar noch weiter. Er nimmt an, daß unsere Psyche in Träumen manchmal die Barrieren zwischen den verschiedenen Zuständen überschreitet, kommuniziert und Dinge wahrnimmt, die sonst unbekannt und unerkennbar sind. Wir sind uns bewußt, daß Träume oft Erinnerungen darstellen, daß sie die Vergangenheit für uns zurückbringen. Doch Jung sagt, daß sie auch die Zukunft enthalten können (falls wir uns an sie erinnern können, werden diese Traumfetzen Hellsicht, Vorausschau genannt) oder eine veränderte Gegenwart – verändert in dem Sinne, daß sie von Menschen bevölkert ist, die in unserem Wachzustand nicht mehr unter uns weilen.

Viele von uns hatten Träume, in denen der Verstorbene so lebendig bei uns war, daß wir mit dem Gefühl erwachten, als sei er gerade aus dem Zimmer gegangen. Diese Träume vermittelten mir das stärkste Gefühl für die Gegenwart Jims, meines Sohnes, und waren sehr tröstlich für mich. Jene Träume, die lediglich von ihm handelten, hatten den gegenteiligen Effekt. Sie lösten nur Schmerz und Schuldgefühle aus. Über jene Empfindungen oder Überzeugungen – oder wie immer man sie auch nennen will – sollte man vielleicht nicht sprechen, wenn man um seine »wissenschaftliche Glaubwürdigkeit« besorgt ist. Aber ich bin immer noch von ihnen beeindruckt. Sie haben mich die Existenz dessen gelehrt, was manche Menschen die »rational unerforschlichen Geheimnisse« nennen. Es ist kein riesiger Sprung von diesen Geheimnissen zur Idee eines kosmischen Bewußtseins. Und nach der zutiefst tröstlichen Natur jener geheimnisvollen Träume zu urteilen, die von wer weiß woher kommen und mich wer weiß wie stark anrühren, glaube ich, daß das kosmische Bewußtsein, das sie offenbaren, stärkend, liebevoll und gütig ist.

Eines meiner Lieblingsgedichte von Rilke drückt diese Vorstellung genau aus:

Sei – und wisse zugleich des Nicht-Seins Bedingung, den unendlichen Grund deiner innigen Schwingung…*

Ist das nicht die Beschreibung von etwas wirklich Göttlichem? Keine Galionsfigur, keine Folge von Gesetzen, sondern eine Quelle, mit der wir in einer beispiellosen Harmonie schwingen, wenn wir uns ihr überlassen, wenn wir Rilkes Forderung nachkommen, zu *sein* und dennoch zu *wissen*. Zu sein und dennoch zu wissen ist das Wesen unseres persönlichen Bewußtseins. Es richtet uns auf das kosmische Bewußtsein aus.

Ich möchte Ihnen gestehen, daß ich – in spiritueller Hinsicht – ein Buddhist bin. Das wurde mir erst nach Jims Tod bewußt. Doch je mehr ich las, je mehr ich nachdachte, desto mehr wurde mir klar, daß mir das Glaubenssystem des Buddhismus am meisten zusagt. Falls Sie es noch nicht wissen sollten – dieses Geständnis stammt von einer neunundvierzigjährigen ehemals baptistischen West-Texanerin, die einen Diakon zum Vater hat.

Offen gestanden scheint mir die Erleuchtung ein wünschenswerteres und menschlicheres Konzept zu sein als die Erlösung. Oder, um es metaphorisch auszudrücken: Ich bin weniger daran interessiert, mich im Licht des Ruhms eines anderen zu sonnen, als daran, das Licht in mich eintreten zu lassen, um es mir einzuverleiben. Das dazu erforderliche Verhalten un-

* Sonette an Orpheus, XIII. (Anm. d. Übers.)

terscheidet sich von jenem, mit dem ich aufgewachsen bin. Aber mir ist das neue Verhalten lieber als das alte. Ich schätze, ich bin daran gewöhnt, für das, was ich bekomme, zu arbeiten. Und glauben Sie mir, ich habe daran gearbeitet. Ich habe noch immer mehr Fragen als Antworten, wenn es um meine eigene Odyssee geht.

Als ich mich auf diesen Vortrag vorbereitete, fiel mir ein, daß ich in einem Tagebuch, das ich nach Jims Tod anlegte, etwas über Buddhismus geschrieben habe. Ich möchte es Ihnen gern vorlesen, denn es besitzt eine Direktheit und Frische, für die ich im Augenblick keine Worte finde. Folgenden Eintrag machte ich am 30. Dezember 1984, sechs Wochen und zwei Tage nach seinem Tod:

Ich finde so vieles am Buddhismus verführerisch. Was mich verwirrt, was wahrscheinlich die meisten Westler verwirrt, ist die Vorstellung, das Selbst aufzugeben – seine endlosen Faszinationen, Permutationen, Windungen, Machenschaften – so sehr Subjekt und Objekt des Studiums. So viele Freudengesänge auf die Liebe – »Eines Menschen Horizont sollte sein Verständnis überschreiten – oder weshalb ist der Himmel sonst da?« Nationen von Fleischessern, denen ich entstamme. Sehnen, vollenden, trachten. Macht und Herrlichkeit in Ewigkeit – Amen. Wettbewerb, Kapitalismus, Fleiß. Beängstigende Ruhe, mißverstandene Passivität. Wie ziehe ich mich in mich zurück und öffne mich dem Universum? Kann ich danach streben, das Streben zu beenden? Akzeptanz. Dessen was ist und nicht ist? Wie kann ich mein »Verstehen« loslassen? Und möchte ich das wirklich? Wie kann ich an nichts denken, ohne an nichts zu denken? Wen kümmert in hundert Jahren mein Leid? Falls die Antwort »Niemanden« lautet, sollte ich dann aufhören zu leiden? Kann ich das? Kann ich beschließen, den Schmerz zu beenden, und dennoch weiterleben? Ich weiß es nicht. Ich weiß nur, daß ich der einzige Mensch bin, der diese Entscheidung treffen kann – falls es überhaupt möglich ist, eine solche Entscheidung zu treffen.

Jim ist nicht mehr. Eines Tages werde auch ich nicht mehr sein. Wird unser Leid dann noch zählen? Zählt es jetzt? Oder geht es gar nicht um das Leid?

Auch die Vorstellung von der Wiedergeburt ist verlockend. Ich wollte, ich könnte daran glauben. Es wäre ein solcher Segen, es als Teil einer Weiterentwicklung zu betrachten – zu glauben, daß meine Seele mit Jims Seele verbunden ist, daß uns Äonen bleiben, um uns zu vervollkommnen – daß sich unsere Wege immer wieder kreuzen, damit wir einander immer größeres Mitgefühl zeigen, bis wir nicht länger mit Liebe und Sterblichkeit ringen und darum, wer zu wem gehört.

In jenem Dezember verbrachte ich ein Wochenende damit, mir eine Serie von Joseph Campbell mit dem Titel »Veränderungen der Mythen im Laufe der Zeit« anzuschauen. Sein Vortrag über Buddhismus war für mich natürlich am interessantesten. Campbell erinnerte mich daran, daß der Buddhismus Seiten enthält, die für mich faktisch unmöglich zu meistern sind. Was er zitierte, war das Wesen des Buddhabewußtseins: »Freudige Teilnahme an den Sorgen der Welt.« Diese Form des Loslassens, mit der nicht gemeint ist, daß man sich in sein oft schweres Schicksal ergeben, sondern daß man es als dasjenige umarmen soll, welches, wie jemand es einmal ausdrückte, »keinen Ersatz erlaubt« – nun, ich muß gestehen, daß dieses Ideal meistens meine Fähigkeiten übersteigt. Obgleich es mir wie die ultimate Vernunft, das richtige Verstehen des großen Was-es-ist und Was-ich-bin erscheint.

Ich lachte, während ich mehrere Male das Band zurücklaufen ließ, um Campbell sagen zu hören: »Machen Sie einen Kopfsprung, wenn Sie fallen.« Ist das nun vollkommen oder nicht? Tu, was getan werden muß. Wohin es auch immer führen mag, sei drin, nimm voll daran teil.

Ich möchte jene, die mit dem Thema vertrauter sind als ich, nicht vor den Kopf stoßen, aber ich glaube, man könnte Buddhas Botschaft, auf einen einfachen Nenner gebracht, so ausdrücken: »Dem richtigen Tun geht das richtige Denken voraus, dem richtigen Denken das richtige Sein.« Das richtige Tun – überwältigt von den Sorgen der Welt, von Tod und Schmerz, sitzt Buddha dort. Durch das Sitzen beruhigt er sich und beschäftigt seinen Geist mit Kontemplation – der richtige Gedanke. Wenn Tun und Gedanken stimmen, bringt er beides in Kontakt mit dem, was universal ist, das keinen Widerpart enthält und ihn befähigt, sich über Verlangen und Angst zu erheben – und so gelangt er zum richtigen Sein.

Als ich mir Campbells Serie anschaute, befand ich mich in einer Krise. Also nahm ich mir ein Beispiel an Buddha und zwang mich, sitzenzubleiben. Und je länger ich saß, desto stärker wurde mir bewußt, daß – obwohl jede einzelne meiner Handlungen angesichts meiner Verwundbarkeit und Geschichte verständlich – sie dennoch nicht korrekt war, weil Angst und Verlangen sie ausgelöst hatten. Die Dinge, die ich mir wünschte, sind zwar verständlich (sind das nicht alle Dinge, nach denen uns am meisten verlangt, zum Beispiel geliebt zu werden und den Sohn wiederzuhaben?), doch sie haben den Nachteil, daß es sich bei ihnen nicht zwangsläufig um jene Dinge handelt, die zu jenem Zeitpunkt verfügbar und so waren, wie ich es mir wünschte. Ein bedeutender Teil aller Wünsche wird vom Ego bestimmt (in negativem Sinne). Deshalb lohnt es sich, sie sorgfältig zu untersuchen – und immer, wenn ich es tat, entdeckte ich, daß es dort vor »Ich, ich, ich, ich's« nur so wimmelte. Ich mußte mehr als einmal innehalten, um zu erkennen, daß ein Großteil des Leids in meinem

Leben in Wirklichkeit nur eine vorzeigbare Fassade für meinen verwundeten Narzißmus war. Jemand wie ich sollte keinen Verlust erleiden, denn ich bin etwas ganz Besonderes! Dennoch erkannte ich die dem Satz »Machen Sie einen Kopfsprung, wenn Sie fallen« innewohnende Weisheit an. Vielleicht liegt es daran, daß ich hin und wieder gefallen bin und es überlebt habe. Vielleicht liegt es an meinem Wissen als Mutter eines Selbstmörders, daß das Gefühl der Hinterbliebenen, die Kontrolle zu verlieren, zu den niederschmetterndsten Folgen eines Selbstmords gehört. Und während des Falls einen Kopfsprung zu machen, heißt, ihn nicht einfach zu akzeptieren, sondern bewußt daran teilzuhaben und einen Teil der Kontrolle wiederzuerlangen. Vielleicht ist das eine Bedeutung jener Mystik, von der Campbell sprach – das umfassende und universelle Bewußtsein, welches unsere Quelle und unsere Bestimmung ist. Der Glaube daran vermittelt mir einen gewissen Gleichmut, der ohne diesen Glauben unmöglich wäre.

Bei beidem – meiner Krise und der Bewältigung der Folgen des Selbstmordes – wurde ich von buddhistischen Grundsätzen geleitet. Ich glaube, ich habe richtig gehandelt, als ich meine Angst und mein Verlangen losließ und einen Kopfsprung machte. Das führte zum richtigen Gedanken; dem Gedanken, daß ich nur das Leben leben kann, das mir geschenkt wurde. Was schließlich zum richtigen Sein führte; und das wiederum heißt, daß ich, was immer mir auch zustößt, Buddhabewußtsein besitze und, im wahrsten Sinne, vollkommen bin. Ich kenne den Weg. Denn von dort komme ich und ihm bin ich verpflichtet. Was nicht davon abhängt, ob meine Verluste getilgt wurden. Es ist einfache Annahme, bloße Annahme, von allem, was ist, war und sein wird. Freudige Teilnahme an den Sorgen der Welt.

Was uns über den Weg läuft, muß umarmt und integriert wer-

166

den. Wir müssen, wie Rilke es ausdrückt, willens sein, zu jenem Kristallbecher zu werden, der erklang, als er zerbrach. Denn um die ewige Quelle unserer intensivsten Schwingung zu erfahren, müssen wir akzeptieren, daß wir zerbrechen und vergehen.

Wir müssen einen Kopfsprung machen, wenn wir fallen, Nur dann können wir fliegen.

Kapitel 16

Starke Liebe

Ich glaube, daß nur Liebe überlebt und heilt; daß nur Liebe stärker als der Tod ist.

In uns herrscht ein dynamisches Gleichgewicht, das Freud Eros und Thanatos nannte. Er entnahm diese Namen der griechischen Mythologie. Eros (oder Kupido) ist der Gott der Liebe, Thanatos der personifizierte Tod. Die damit verbundenen Auffassungen sind nicht so einfach, wie es sich anhört. Freud schrieb einiges über dieses Thema und ersann ein kompliziertes Ideenmosaik, das im wesentlichen besagt, daß in jedem von uns nicht nur der Trieb zu lieben, zu wachsen, stark zu sein steckt, sondern auch das Verlangen danach, zu hassen, zu sterben und zu vergehen. Die meiste Zeit unterdrücken wir die zweite Hälfte unserer persönlichen Gleichung. Offensichtlich ist dies beim Selbstmörder nicht der Fall.

Was manchmal bei den Überlegungen über den Eros verlorengeht, ist seine Abgeschlossenheit in sich selbst. Wir neigen eher dazu, bei dem Begriff Liebe zuerst einmal daran zu denken, was wir anderen geben, als an das, was wir uns selbst geben. Zu diesem Thema sagte ich einmal: »Unsere Seelen rufen nach etwas oder jemanden, das oder der bei uns bleibt – und wer sagt uns, daß wir nach einer schlichten Freundschaft und dem ultimaten Wissen Ausschau halten sollen, daß wir selbst für immer bei uns bleiben? Wie sollen wir eine so einfache, schwache Stimme in dem ganzen Wortschwall hören? Wir lieben die große LIEBE der Werbesprüche – je größer, desto besser. Liebe ist alles, was wir brauchen! Liebe überwindet alles! Und diese stille Liebe, die mit uns beginnt, uns erhält und uns segnet, jene Liebe, die uns niemals verläßt, weil sie mit uns identisch ist; *diese* Liebe geht oft betteln.«*

Oder, anders ausgedrückt: »Was ist komplizierter als das menschliche Herz? Wir möchten das, was sich uns am meisten entzieht, greifen gierig nach Annäherungen, die wir dann zurückweisen. Wir begreifen nicht, daß wir vollkommene Liebe und inneren Frieden nur dann realisieren können, wenn wir andere nicht so vollkommen (aber bei jeder Gelegenheit) lieben und zu friedlichen Menschen werden.«

Darin besteht die Aufgabe – sich selbst zu einem friedlichen Menschen zu machen. Aber ich würde behaupten, daß Sie, wenn Sie es schaffen, diese Selbstliebe leben; jenen Eros, von dem Freud sprach.

Ich bin nicht besonders gut darin, mich selbst zu lieben. Ich habe jahrelang daran gearbeitet. Aber ich hatte keinen besonders günstigen Start. Ich weiß, daß das bei vielen Menschen der Fall ist, und sie sind es, die ich erreichen möchte. Ich möchte ihnen sagen: »Geben Sie nicht auf. Machen Sie weiter. Sie brauchen nicht die/der Beste zu sein, Sie müssen sich nur sagen, daß Sie gut genug sind.«

Ich denke daran, auf wie viele Arten und wie oft ich das zu Jim gesagt habe. Was nicht heißen soll, daß ich alles richtig gemacht habe. Das habe ich bestimmt nicht. Ich war oft ungeduldig und richtiggehend grob, als er noch klein war (obwohl ich es damals nicht so gesehen habe, da ich selbst mißhandelt

---

* Sue Chance (Winter 1988), Loss and Resolution. *Journal of Poetry Therapy* 2, 2.

worden bin). Ich hatte das normale elterliche Interesse daran, daß es meinem Kind gutging und ich Gutes von ihm erfuhr. Aber ich weiß, daß ich ihm Positives sagte – und wie oft hat er mich enttäuscht. Ich könnte jetzt sagen, daß ich es nicht verstehe. Aber ich verstehe es – wenigstens teilweise. Meine Selbstachtung gründet sich auf das, was ich geleistet habe; auf mein Können. Sie ist nicht autonom; sie kommt nicht von innen, sondern rührt von den erreichten Zielen und der guten Arbeit her, die ich geleistet habe, und daher, daß ich gewisse Dinge an mir zu lieben und zu bewundern gelernt habe. Ein wesentlicher Teil davon bestand darin, zuzulassen, daß andere mich liebten und bewunderten. Darin unterschied ich mich von Jim. Ich begreife nicht, weshalb ich es akzeptieren konnte und er nicht.

Ich erinnere mich, wie mich die Vorstellung verblüffte, daß wir egoistisch sind, wenn wir versuchen, in herrlicher Einsamkeit zu leben und niemals etwas von anderen anzunehmen. Ich muß in meinen zwanziger Jahren darüber gestolpert sein, weil ich seitdem danach handelte. Und ich habe es von Zeit zu Zeit bestätigt gesehen. Ich erinnere mich, wie ich einen jungen Mann verwirrt habe, der mich für eine lokale Zeitung interviewte. Er erwähnte, daß er eine längere Beziehung beendet und seinen Schmerz und sein Leid monatelang seinen Freunden aufgebürdet habe. Worauf ich erwiderte, er solle es einmal so betrachten: »In Wirklichkeit haben Sie Ihren Freunden eine Möglichkeit gegeben, Ihnen zu helfen – kann es einen schmeichelhafteren Beweis dafür geben, wie wichtig sie Ihnen sind und wie sehr Sie ihnen vertrauen?«

Womit ich nicht sagen will, daß wir ein Recht darauf hätten, unsere Probleme ständig auf unsere Freunde abzuladen oder zu erwarten, daß sie uns ohne die nötige Ausrüstung und die nötigen Zeugnisse therapieren. Oft benutzen gestörte Menschen ihre ständig leidenden Freunde als Grund dafür, selbst nicht zu einem Therapeuten zu gehen und »eine Kur zu machen« (was nicht selten ziemlich unbequem ist). Heute nennt man jene, die alles akzeptieren, was der chronisch Klagende ihnen auftischt, »Co-Abhängige«. Auch ihnen kann geholfen werden.

Womit ich sagen will, daß wir unentwirrbar mit jenen verbunden sind, die uns umgeben, und daß diese Verbindung eine Verpflichtung zum Geben und Nehmen beinhaltet. Ständig die Hilfsangebote anderer auszuschlagen, ist im leichtesten Fall unfreundlich und im schwersten (wie in Jims Fall) tödlich.

Kurz nach Jims Tod erwähnte David ein bekanntes Lied am Telefon. Er sagte, er könne nicht sitzen bleiben, wenn er es höre, und ich wußte genau, was er meinte, weil es mir genauso ging. Wir beide identifizierten dieses Lied mit Jim. Der Sänger spricht davon, daß er nur herumhängt und diesen neuen Menschen braucht, damit jener ihm die Liebe zeigt und er wieder etwas hat, woran er glauben kann. Ich schätze, ich hätte wieder die gleiche Reaktion im Bauch und wäre ebenso aufgeregt wie früher, wenn ich das Lied heute noch einmal hören würde.

Nachdem ich mir die Filme über Jims erste Geburtstage angeschaut habe, schrieb ich folgendes in mein Tagebuch:

18. 7. 1985 Heute möchte ich mich bedanken. Es wäre Jims sechsundzwanzigster Geburtstag gewesen, und es regnet. Ich möchte Gott, der Natur, dem Zufall für diesen Regen danken – ich weiß es zu würdigen. Wer wünscht sich einen schönen Tag?

Die letzten Wochen waren schlimm; die Wolken häuften sich. Der heutige Tag ist in gewisser Hinsicht eine Erleichterung. Da ist die Hoffnung auf Regen und Tränen; darauf, daß aus etwas Düsterem etwas Neues entsteht oder Nahrung aus etwas Altem.

Meine Schwester war bei uns für die Familienfilme zuständig. Sie hat sie alle auf eine Videokassette überspielt. Ich habe sie letzte Woche bekommen. Da war mein vierzehnjähriges Selbst, das mit meiner kleinen Nichte spielt, die damals noch ein Baby war. Da war mein schwangeres sechzehnjähriges Selbst. Da war Jim. Ein Baby auf meinem Schoß; ein Krabbelkind, das mit großer Ernsthaftigkeit Küsse verteilt, ein kleiner Verrückter auf einer Schaukel, jemand, der einen Kinderwagen zieht, jemand, der mit einem Welpen spielt. Während ich zuschaute, erkannte ich die Matrix, in die Jim eingeschlossen war. Ich sah eine Familie, eine so unvollkommene Familie, die auf stille und laute Art liebte – »die Familienbräuche«, von denen Whitman sprach, die Zusammenschlüsse. Ich legte die Arme um mich und fragte die leere Decke, den leeren Himmel, das leere Universum: *»Weshalb?«* Wo Liebe so offensichtlich, so real ist?

Und ich schien, nur in einem Flackern, zu erkennen, daß all meine Antworten keine wirklichen Antworten waren. Jims Selbstmord störte die Rechnung – die Seiten der Gleichung waren nicht ausgeglichen. Ich kenne mich in der Mathematik der Irrationalität nicht aus, aber ich weiß, daß das Ergebnis größer war als die Summe der Teile. Was wir getan oder nicht getan haben, waren keine Bausteine für dieses Gebäude. Jim selbst war mit mehr Sorgfalt als üblich erbaut worden, obwohl die Haupterbauer Amateure waren. Jim tat das, was er getan hat, im Schmerz des Selbstzweifels, der offenbar vom Alkohol verstärkt wurde. Als Rechtshänder benutzte er die linke Hand, um seinem Leben ein Ende zu setzen. Dieser Symbolismus besagt alles.

Ich werde ihn immer vermissen und lieben. Und ich werde, wie ich am Tag nach seinem Tod sagte, stets das Gefühl haben, daß ich ihn vernachlässigte. Keine noch so große Überredungsgabe, kein Beweis kann meine Meinung ändern, denn ich allein kenne die Art und Weise, wie ich ihn vernachlässigte. Aber wir alle machen Fehler, oder? Wer kann hundertprozentig lieben?

Ich hatte einen Sohn. Sein Name war Jim. Sein Name war Liebe. Sein Name war Ich.

Kapitel 17

Dankgebet
einer
Hinterbliebenen

Ich wurde häufig gebeten, mit Menschen aus psychiatrischen Berufen über die Arbeit mit Hinterbliebenen zu sprechen. Ich denke, das Wichtigste von dem, was ich ihnen sagte, war, daß sie die Wut des Hinterbliebenen bestätigen sollen. Es ist so leicht, sich die Schuld anzuziehen. Aber es ist um einiges schwerer, wütend zu sein, wenn das Objekt der Wut tot ist. Wie ich in meiner Ansprache zur Menninger Alumni sagte:

Hinterbliebene leiden unter einer doppelten Verzweiflung: Sie haben nicht nur einen Verlust erlitten, sondern sind dazu auch noch machtlos. Sie können nichts an dem, was ihnen widerfuhr, ändern und sind zu Recht wütend auf den Verstorbenen, der ihnen das angetan hat. Sie schämen sich. Doch ein Teil von ihnen wehrt sich dagegen, sich wegen etwas zu schämen, was jemand anderer tat, ohne sie um Rat zu fragen. Sie wurden in die Rolle des Mörders gedrängt, obwohl sie in Wahrheit die Opfer sind. Denn Personen, die Selbstmord verüben, haben einen stellvertretenden Mord verübt; sie haben sich selbst anstelle der auserwählten Opfer getötet.
Für die Hinterbliebenen klingen solche Gedanken irrational. Sie glauben, daß es ungerechtfertigt ist, derart wütend, beschämt, aufgebracht zu sein. Schließlich hat der Verstorbene

den äußersten Preis für ihre gestörte Beziehung bezahlt. Welchen Grund hat der Hinterbliebene also, sich zu beklagen? Es braucht Zeit und Hilfe, die rationale Grundlage seiner Gedanken zu akzeptieren, und wenn er es tut, wird er Ordnung inmitten des Chaos finden.*

Männer können in der Regel besser mit der Wut umgehen als Frauen. Und kaum jemand hat es schwerer als eine hinterbliebene Mutter. Wie ein Vater, der seine Tochter verloren hatte, mir einmal schrieb: »Alle meine Zellen widersetzen sich dieser Realität.« Um wie vieles mehr gilt das für eine Mutter, bei der jede Zelle mitgeholfen hat, ein Kind zu erschaffen? Unsere Kinder entspringen unserem Körper und sind stets mehr unsere Kinder als die ihrer Väter. Und wenn dieses Kind stirbt, welcher Tod, außer unserem eigenen, nähme uns mehr?

Und wie schwierig ist es dann, dieser unserer eigenen Version gegenüber Wut zu empfinden. Jeder Instinkt sagt uns, daß wir unsere Nachkommenschaft hegen und schützen sollen. Und wir neigen dazu, dies bis in alle Ewigkeit zu tun. Kennt nicht jeder eine hinterbliebene Mutter, die einen physischen oder psychischen Altar für ein Kind errichtet und es so idealisiert hat, daß die Menschen, die es kannten, es nicht wiedererkennen?

Nun, ich würde es nicht erwähnen, wenn dieses Kind nicht ein Mörder wäre. Falls diese Mutter noch andere Kinder hat, können sie ihr nicht nur nicht helfen, sondern sie leiden auch noch unter dem Vergleich mit dem nun vollkommenen Geschwister. Und wenn die Mutter, wie ich, keine weiteren Kinder hat, wird sie sich garantiert in Schuldgefühlen wälzen, so-

---

* Sue Chance (Januar 1988), Surviving Suicide: A Journey to Resolution. *Bulletin of the Menninger Clinic* 52, Nr. 1.

lange sie in einer gestörten Realität lebt. Und wenn sie ihr Kind als fehlerlos hinstellt, fällt die Schuld für den Selbstmord automatisch auf sie.

Ich erinnere mich, wie erstaunt ich war, als ich Edwin Shneider auf der Konferenz der American Association of Suicidology von 1987 sagen hörte, daß der Selbstmord mit dem vergangenen Leben des Selbstmörders übereinstimmt. Menschen, die Selbstmord begehen, sind auch mit früheren Schwierigkeiten nicht gut zu Rande gekommen; sie können nur sehr begrenzt Schmerz ertragen und neigen zur Beschränkung (einer Art begrenzter Perspektive), zum Schwarzweiß-Denken und dazu, vor ihren Problemen davonzulaufen.

Paßt auf Jim wie die Faust aufs Auge.

Schmerzt es mich, das zuzugeben? Ja. Aber es würde mich noch mehr schmerzen, zu glauben, *meine* Fehler und Schwächen hätten ihn in den Selbstmord getrieben. Die Fragen lauten nicht: »Was habe ich falsch gemacht? Was hätte ich anderes machen sollen?«, sondern: »Warum beharrte er auf Dinge, die nicht funktionierten? Weshalb bat er nicht um Hilfe oder akzeptierte sie nicht, als sie ihm angeboten wurde?« Diese Fragen sind natürlich nicht zu beantworten. Doch es waren die Originalfragen. Die Fragen, die ihn betreffen, sind nur noch ein wenig eingehender.

Überflüssig zu sagen, daß ich sehr, sehr wütend auf Jim wurde. Das ganze dritte Jahr nach seinem Tod hatte ich eine maßlose Wut auf ihn. Doch als mir immer bewußter wurde, wie rücksichtsvoll (welche Ironie) Jim gewesen war, beruhigte ich mich allmählich wieder. Er ersparte selbst jenen, auf die er am meisten Wut hatte, daß sie über seine Leiche stolperten; das Haupttrauma der Hinterbliebenen. Ich kann mir nur vorstellen, wie schrecklich es sein muß, den verstümmelten Leichnam eines geliebten Menschen zu sehen. Ich hörte zu, als Mariette Hartley den Selbstmord ihres Vaters im Neben-

zimmer beschrieb, sah, wie sie hilflos gestikulierte und sagte:
»Und ich entfernte das…« sie war einen Augenblick lang von
der Erinnerung zu überwältigt, um fortfahren zu können;
aber wir alle füllten die leeren Stellen aus. Wir kannten die un-
ausgesprochenen Worte: »…Gehirn meines Vaters von der
Wand.«

Anfangs vergrößerte ich den Schmerz, indem ich mir Jim im
Augenblick seines Todes und die unmittelbaren Folgen ver-
gegenwärtigte. Meine medizinische Ausbildung erwies sich
dabei als Fluch, da ich mir das Zerplatzen seines geliebten
Kopfes sehr genau vorstellen konnte. Doch bald schon wurde
mir klar, daß ich verrückt würde, wenn ich mich weiter an
diese Bilder klammerte. Also beschimpfte ich mich immer,
wenn ich mich dabei ertappte: »Hör verdammt noch mal damit auf, Sue!« Ob Sie es glauben oder nicht – es hat gewirkt.
Übrigens gibt es einen Namen für diese Technik. Sie nennt
sich »Denkstopp«. Und sie ist genau so, wie sie sich anhört.
Sie bringt einen so oder so dazu, das Thema zu wechseln. Es
wäre für die meisten Hinterbliebenen ganz gut, wenn sie ihre
Gedanken öfters »stoppen« würden.

Sie müssen die Wut erleben, verarbeiten. Das ist für die Trau-
erarbeit wesentlich. Erst wenn Sie sich durch die Wut hindurchgearbeitet haben, können Sie anfangen, dem Selbstmörder und sich selbst zu vergeben. Die Wut ist wie eines jener
Ungeheuer des Geistes, die sich in den Träumen an ihnen mästen. Sie müssen sich ihnen stellen, wenn Sie irgendwann aufhören wollen davonzulaufen.

Ich möchte Sie an etwas erinnern, was ich zu Anfang dieses
Buches erwähnte: Sie wissen erst, was andere fühlen, wenn sie
es Ihnen sagen. Wir betrachten Selbstmord häufig als Bestrafung. Doch ich möchte Ihnen sagen, daß die Bestrafung nicht
der Hauptzweck ist; mehr noch, ich glaube, daß diese Vorstellung völlig unzutreffend ist. Mir ist klargeworden, daß ich

Jims Schmerz ebensowenig verstehen kann, wie er meinen voraussehen konnte. Ich wußte nicht, was ich ihm bedeutete. Er wußte nicht, was er mir bedeutete. Selbst jene, die uns sehr nahestehen, bleiben uns oft ein Rätsel.

Und ich bin der Meinung, daß jeder Mensch von einem gewissen Zeitpunkt an selbst für sein Schicksal verantwortlich ist; ganz gleich, welche Fehler die Mutter oder der Vater oder beide gemacht haben. Bei meiner Arbeit mit Jugendlichen aus sehr gestörten Familien entschied ich schließlich, daß es am besten war, ihnen folgende Worte mit auf den Weg zu geben: »Du willst mir sagen, wie vieles deine Eltern verpfuscht und wie viele Schmerzen sie dir bereitet haben. Ich glaube dir. Ich weiß, daß deine Klagen berechtigt sind. Aber du wirst älter, und der Zeitpunkt rückt näher, wo du dein Leben in die Hand nehmen und es besser machen kannst. Es liegt an dir: Entweder schiebst du weiter anderen die Schuld zu und klagst über alles, was ungerecht gewesen ist, oder du baust darauf auf und machst das Beste aus dem, was dir zur Verfügung steht.«

Die Kids mögen diese Botschaft ebensowenig wie die Erwachsenen; ebensowenig wie ich sie mochte, als ich sie mir das erste Mal vorsagte. Aber sie hat den Vorteil, daß sie nicht nur wahr, sondern auch äußerst hilfreich ist.

Ich mag meine Eltern nicht; mir gefällt nicht, was sie mir angetan haben. Dennoch bin allein *ich* für das verantwortlich, wer ich heute bin. Es gibt keinen vernünftigen Grund, jetzt, mit neunundvierzig, zu sagen, daß ich eher ein Produkt der ersten fünfzehn mit meinen Eltern verbrachten Jahre als das der vierunddreißig bin, in denen ich auf mich selbst gestellt war. Es wäre wirklich sehr beschämend für mich, wenn das stimmte.

Wir alle entwickeln uns ständig weiter. Im Leben geht es nicht darum, alles richtig zu machen. Im Leben geht es um Anpassung; darum, die Sorgen zu lieben, die sich in unseren sich

178

verändernden Gesichtern widerspiegeln. Der Selbstmord unterbricht diesen Prozeß in Form eines Kurzschlusses. Dabei handelt es sich nicht nur um ein vorzeitiges Ende, sondern um ein Versagen der Anpassung und des Wachsens. Wie Shakespeare es in *Othello* ausdrückt: »Wie arm sind jene, denen es an Geduld gebricht! Heilt nicht jede Wunde nach und nach?«

Der Selbstmörder wartet nicht auf diese Heilung. Und die Hinterbliebenen müssen daran glauben, daß sie geheilt werden, oder sie begehen ebenfalls Selbstmord. Es gibt unzählige Möglichkeiten, sich umzubringen: Drogen, Alkohol, seelische Isolation, in einer Phantasiewelt leben – um nur einige zu nennen. Wenn Sie jedoch leben und gesund werden wollen, müssen Sie anerkennen, daß letztlich der Selbstmörder die Verantwortung trägt. Wenn Sie das akzeptieren, werden Sie fähig sein, die Fäden Ihres eigenen Lebens, Ihrer Beziehungen wieder in die Hand zu nehmen und damit weiterzumachen.

Heute sehe ich das Leben und den Tod anders als früher. Vieles bleibt ein Geheimnis. Aber ich weiß mehr über Verlust und Entschlossenheit als die meisten Menschen. Ich weiß, wie man überlebt. Ich weiß, wie man stark ist. Ich weiß, wie man liebt.

Auf den letzten Seiten meines Tagebuchs würdigte ich meine kleine Katze. Die Würdigung endet mit:

Meine Katze hat sich der Prozession aus Familienmitgliedern, Freunden, Lehrern, Patienten, Dichtern und Autoren angeschlossen, die mir halfen, weiterzuleben. Denn ich muß weiterleben. Es ist eine Verpflichtung, die ich nicht nur mir, sondern auch Jim gegenüber habe. Er wies sein Leben zurück; aber ich kann mein Leben nicht zurückweisen. Ich muß sein Leben dazu benutzen, mein Leben zu meistern. Und vielleicht wird dieses Meistern eine Art Schöpfung sein.

Uns selbst zu meistern und zu gestalten ist eine lebenslängliche Aufgabe. Um sie zu lösen, müssen wir uns an die bleibende, beständige Liebe klammern, die für die universale Güte steht. Unsere Liebe für andere und uns selbst entstammt dieser Quelle und kehrt wieder zu ihr zurück.

Zu dieser Quelle ging mein Sohn.

Und ich glaube, daß diese Quelle stärker ist als der Tod.

Überlebende leiden oft unter verschiedenen psychiatrischen Symptomen, darunter Depression, posttraumatische Streßstörung und körperliche Beschwerden, die eine psychische Ursache haben. Um den Leser eingehender darüber aufzuklären, habe ich die diagnostischen »Kriterien« aufgelistet, die ein Psychiater benutzt, um festzustellen, ob eines davon vorhanden ist. Diese Liste basiert auf dem von der American Psychiatric Association herausgegebenen *Diagnostic and Statistical Manual, Third Edition, Revised (DSM-III-R)*. Falls Sie diese Kriterien erfüllen, möchte ich Ihnen wärmstens empfehlen, psychiatrische Hilfe zu suchen, da es Medikamente gibt, die Ihnen große Erleichterung verschaffen können.

Schwere Depression

A. Der Verlust des Interesses oder des Vergnügens an normalen Aktivitäten. Eine Stimmung, die als niedergeschlagen, hoffnungslos, gedrückt, im Keller, reizbar beschrieben wird. Diese Stimmung muß auffallend und recht hartnäckig sein.

B. Wenigstens vier der folgenden Symptome wenigstens zwei Wochen lang täglich:

1. Entweder schwachen oder vermehrten Appetit mit bedeutendem Gewichtsverlust (ohne Diät) oder bedeutendem Gewichtsanstieg.
2. Entweder Schlaflosigkeit oder übermäßiges Schlafen.
3. Ruhelosigkeit oder Lethargie.
4. Verlust des Interesses oder des Vergnügens an normalen Aktivitäten oder ein verminderter Sexualtrieb.
5. Energieverlust; Müdigkeit.
6. Minderwertigkeitsgefühle, Selbstvorwürfe oder übertriebene oder unangebrachte Schuldgefühle.
7. Schwache Konzentration, langsames Denken, Unschlüssigkeit.
8. Wiederkehrende Gedanken an den Tod, Selbstmordvorstellungen oder -versuche.

Posttraumatische Streßstörung

A. Die Existenz eines Ereignisses oder Umstandes, der bei fast jedem Streß verursacht.
B. Nacherleben des traumatischen Ereignisses auf die folgende Art:
   1. Wiederholtes Erinnern an den Vorfall (oft trotz der Anstrengungen, es nicht zu tun).
   2. Wiederholte Träume über den Vorfall.
   3. Plötzliches Handeln oder Fühlen, als würde das traumatische Ereignis erneut stattfinden.
C. Verminderte Reaktion und/oder verringertes Interesse an der Außenwelt, das nach dem Trauma anfängt und sich anhand eines der folgenden Punkte zeigt:
   1. Merklich vermindertes Interesse bei einer wichtigen Aktivität oder bei mehreren wichtigen Unternehmungen.
   2. Das Gefühl der Absonderung oder Distanz von anderen.

3. Beschränkter Affekt (verminderte Fähigkeit, die ganze Gefühlspalette zu zeigen).

D. Wenigstens zwei der folgenden Symptome, die vor dem Trauma noch nicht vorhanden waren:

1. Übermäßige Wachsamkeit, leicht zu verwirren.

2. Schlafstörung.

3. Schuldgefühl, überlebt zu haben, während andere starben, oder wegen des Verhaltens, das zum Überleben nötig war.

4. Verschlechterung des Erinnerungsvermögens und Konzentrationsschwierigkeiten.

5. Vermeidung von Aktivitäten, die Erinnerungen an das traumatische Ereignis heraufbeschwören.

6. Verstärkung der Symptome, wenn man einem Umstand oder einer Situation ausgesetzt ist, der oder die einen an das traumatische Ereignis erinnert.

Seelische Faktoren, die den körperlichen Zustand beeinträchtigen

A. Etwas seelisch Bedeutsames, das ungefähr dann auftritt, wenn der Patient einen körperlichen Zustand entwickelt, oder der Vorfall verursachte eine Verschlechterung eines bereits bestehenden körperlichen Zustands.

B. Der körperliche Zustand beruht entweder auf körperlichen Befunden (z. B. rheumatische Arthritis) oder taucht auf eine medizinisch vorhersehbare Weise auf (z. B. Migräne, Kopfschmerz, Erbrechen).

Bibliographie

W. H. Auden (1980). Vorwort von *Markings* von Dag Hammerskjöld. New York: Knopf.

Heilige Schriften des Buddhisten. (1959) Ausgewählt und übersetzt von Edward Conze. Harmondsworth: Penguin Books.

Joseph Campbell (1990). *Transfomations of Myth Through Time.* New York: Harper & Row.

Sue Chance. Doctors and Bereaved Patients. *Resident and Staff Physician* 33, Nr. 7 (Juni 1987); 135–137.

dies.: God, Patients, and Psychiatrists. *Psychiatric Annals* 18, Nr. 7 (Juli 1988); 432–435.

dies.: Loss and Resolution. *Journal of Poetry Therapy* 2, Nr. 2 (Winter 1988); 93–98.

dies.: Surviving Suicide: A Journal to Resolution. *Bulletin of the Menninger Clinic* 52, Nr. 1 (Januar 1988); 30–39.

Marie-Louise von Franz (1986). *On Dreams and Death.* Boston: Shambhala Productions.

E. L. Freud (Hrsg.) (1961). *Letters of Sigmund Freud.* New York: Basic Books.

Sigmund Freud (1960). *Jokes and Their Relation to the Unconscious.* New York: Norton.

Harold Kushner (1981). *When Bad Things Happen to Good People.* New York: Avon Books.

Ursula LeGuin (1986). *Always Coming Home*. New York: Bantam Books.

C. S. A. Lewis (1961). *A Grief Observed*. New York: Seabury Press.

Christopher Lukas und Henry M. Seiden (1987). *Silent Grief: Living in the Wake of Suicide*. New York: Scribners.

Karl Menninger (1959). Hope. Grußwort zum 115th Annual Meeting der American Psychiatric Association.

ders.: (1970). *Love Against Hate*. New York: Harvest Books. (Erstveröffentlichung im Jahre 1942).

Edwin Shneidman (1985). *Definition of Suicide*. New York: Wiley.

Karl und Stephanie Simontón und James Creighton (1978). *Getting Well Again*. New York: St. Martin's Press.

Mark Twain (1967). *Letters from Earth*. Greenwich, Conn.: Fawcett Crest. (Erstveröffentlichung im Jahre 1938).

LebensLinien

**Erfahrungen,
die uns berühren.
Bücher,
die Mut machen.**

LEBENSLINIEN

Erfahrungen, die uns berühren. Bücher, die Mut machen.

Knaur® Laura Palmer
Richard Berendzen

LEBENSLINIEN

Sie rief mich immer zu sich

Die Geschichte
eines mißbrauchten Sohnes

Knaur® Joyce
Wadler

LEBENSLINIEN

Einschnitt

Mein Leben mit Brustkrebs

Knaur® Deric
Longden

LEBENSLINIEN

Dianas Geschichte

Das Sterben meiner
Frau

Knaur® Hannelore
Holtz

LEBENSLINIEN

Schatten auf der Seele

Mein Mann ist
depressiv

Knaur® Christine
Preiherr

LEBENSLINIEN

Der Tod ist ein Traum

Vier Jahre mit
einem Fixer

Eltern und Kinder

Marion Rollin
Typisch Einzelkind
Das Ende
eines Vorurteils

LEBENSHILFE
PSYCHOLOGIE

(84004)

Don Elium/Joanne Elium
Söhne erziehen
Wie Väter und Mütter
Jungen zu selbstbewußten
Männern machen können

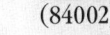

(84002)

Teri Degler/Yvonne Kason
Liebe, Grenzen, Konsequenzen
Erziehung mit Herz
und Disziplin

LEBENSHILFE
PSYCHOLOGIE

(84012)

Hubertus
von Schoenebeck
Unterstützen statt erziehen
Die neue
Eltern-Kind-Beziehung

LEBENSHILFE
PSYCHOLOGIE

(84019)

Patricia Love/Jo Robinson
Wenn Kinder unter Liebe leiden
Beziehungsfalle Familie

LEBENSHILFE
PSYCHOLOGIE

(84006)

Arlie Hochschild
Anne Machung
Der 48-Stunden-Tag
Weg aus dem Dilemma
berufstätiger Eltern

LEBENSHILFE
PSYCHOLOGIE

(84015)